王賡武談世界史

王賡武談世界史

歐亞大陸與三大文明

黃基明　著

劉懷昭　譯

中文大學出版社

《王賡武談世界史：歐亞大陸與三大文明》
黃基明 著
劉懷昭 譯

中文版 © 香港中文大學 2018

本書版權為香港中文大學所有。除獲香港中文大學
書面允許外，不得在任何地區，以任何方式，任何
文字翻印、仿製或轉載本書文字或圖表。

國際統一書號 (ISBN)：978-988-237-003-6

本書根據新加坡 ISEAS Publishing 2015 年出版之 *The Eurasian Core and Its Edges: Dialogues with Wang Gungwu on the History of the World* 一書翻譯並授權出版。

出版：中文大學出版社
　　　香港 新界 沙田 · 香港中文大學
　　　傳真：+852 2603 7355
　　　電郵：cup@cuhk.edu.hk
　　　網址：www.chineseupress.com

The Eurasian Core and Its Edge: Dialogues with Wang Gungwu on the History of the World (in Chinese)
By Ooi Kee Beng
Translated by Liu Huaizhao

Chinese edition © The Chinese University of Hong Kong 2018
All Rights Reserved.

ISBN: 978-988-237-003-6

First published in English by ISEAS Publishing under the title *The Eurasian Core and Its Edges: Dialogues with Wang Gungwu on the History of the World* by Ooi Kee Beng (Singapore: ISEAS–Yusof Ishak Institute, 2015). Translated with the kind permission of the publisher.

Published by　The Chinese University Press
　　　　　　　The Chinese University of Hong Kong
　　　　　　　Sha Tin, N.T., Hong Kong
　　　　　　　Fax: +852 2603 7355
　　　　　　　Email: cup@cuhk.edu.hk
　　　　　　　Website: www.chineseupress.com

Printed in Hong Kong

目　錄

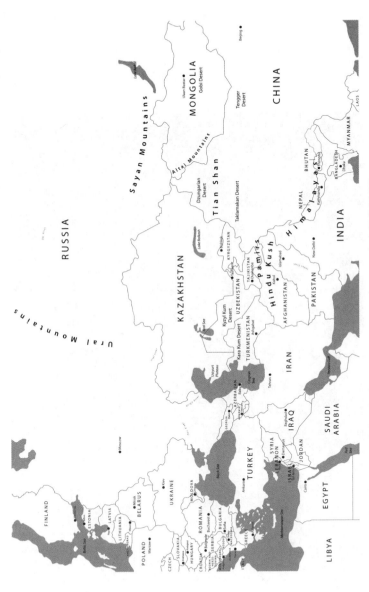

1. 中亞地圖（感謝新加坡東南亞研究所 Aaron Kao Jiun Feng 先生提供圖檔）

2. 1658年，葡萄牙人在斯里蘭卡的賈夫納戰敗於荷蘭人

3. 今日長城

4. 版畫作品《君士坦丁堡的陷落》(出自 *Hutchinson's History of the Nations* 一書,1915,Dudley,Ambrose [流行於 1920 年代],私人收藏,英國布里奇曼藝術圖書館)

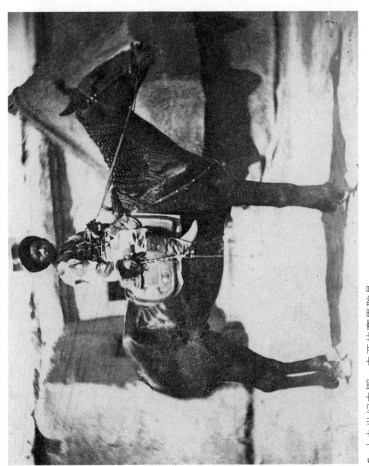

5. 十九世紀中期，中亞的賽馬馬鞍具

6. 高加米拉戰役中波斯捲鐮戰車的進攻（Andre Castaigne [1898–1999] 繪製）

7. 莫臥兒帝國的皇帝沙‧賈汗（右）和他的兒子達拉‧希科（左），
　約1638年（繪畫作品，藏於英國倫敦維多利亞與阿爾伯特博物
　館）

8.「上帝之鞭」阿提拉（Ulpiano Checa 繪製）

中文版序：繞不開的歐亞大陸

王賡武

我對現代時期以前的世界史的理解是，一切有文字可考的歷史都發生在歐亞大陸，而它三面臨海的土地始終關切於海面的波濤、牽動於洋上的風浪。但與陸路發生的事件相比，有關各大洋海事活動的記載顯得凌亂而又支離破碎。數據的缺乏表明，海事在各大文明的早期發展中所扮演的角色並不那麼起眼。

沿着歐亞大陸的邊緣，三大延續而又顯著的文明清晰可辨。西端是在西亞、北非和南歐這些相鄰地區率先發展起來的地中海文明。歐亞大陸的南部邊緣則目睹了印度文明的興起，它的達羅毗荼人（Dravidian）部分毗鄰印度洋，並向東延伸到南中國海。歐亞核心以東，是中華文明（Sinic civilization）；中華文明傳播到了太平洋邊的日本諸島，但其影響力在東南亞則相對較弱。

歐亞大陸的腹地是一片廣袤的土地，從歐洲的萊茵河一路綿延向東，穿過俄羅斯及中亞的大草原，直抵印度河－恒河以及黃河、長江、湄公河的源頭高地，從那裏，這些大河向東向南奔流入海，匯入西太平洋。在三

大文明中，地中海與另兩者的不同之處在於，它的中心有一片處於大西洋和印度洋之間的大海。相比之下，印度平原緊貼浩瀚的印度洋，而中華大地則面朝東方和南方，朝向太平洋與印度洋之間的數百個島嶼。

全球化的現代時期是海洋探索的產物，是1492年之後發軔於伊比利亞半島的地中海擴張的一部分。那是一場真正的全球化進程，它從十八世紀中葉開始逐步將世界經濟整合了起來。這一擴張是海洋性的，而它的起源可以追溯到幾千年來地中海主要海軍力量之間的控制權之爭。一場場無情的爭霸孕育出一種進犯性的文化，這種文化產生了要把陸地和海洋全都掌控在自己手上的帝國。當鬥爭最終蔓延到大西洋時，其勢已銳不可當，很快就遠播四海，蔓延到印度洋和太平洋。那種跨洋性的擴展徹底改變了三大文明之間的相互關係。

這時出現了一個由美洲形成的新大陸，很快它就隸屬於地中海的歐洲那半邊。這給大西洋沿岸的探險船隻提供了進入另兩個大洋的通道。葡萄牙人繞過非洲進入印度洋，而西班牙人等其他人則取道另一邊，繞過南美洲進入太平洋。他們全都在東南亞殊途同歸，並且在短短幾十年間，全球就基本上歸於海洋性了。這裏一語道破的是近代史的前世今生：十八世紀崛起的新興力量繼續為世界其他地區建立新的系統規範（systemic norms）。這些規範以飛速發展的科學技術為支撐，以工業革命和資本主義為後盾，以在民族國家（nation states）基礎上創造出新型財富和權力的富於凝聚力的民族帝國（national empires）為靠山。

地中海規範（The Mediterranean Norms）

這一轉型的起源可以追溯到地中海地區。自從五千年前文明的開端以來，那裏所發生的事情就與眾不同。腓尼基人和希臘的海上殖民地為偉大的陸─海帝國奠定了基礎，在此之上塑造出一個能夠多方位擴張的權力系統，並如此 般地向北、向東、向南施展了拳腳。大約1500年前，那裏發生了一場劇變，當時地中海周邊國家因對一神論的解讀存在激烈分歧而形成割據局面，地中海文明從此或多或少地一直處於分裂狀態。這與上一個千禧年的情形有很大不同──想當年，地中海就如一個內湖，萬邦及帝國在湖上自由地競逐商機、爭享榮耀。

1500年後，地方衝突還在持續，而地中海文明仍處於分裂狀態。地中海歐洲一側的南半部分落入到穆斯林的阿拉伯勢力手中，這一勢力從七世紀一直倖存到現在。那長達1500年的分裂對西歐人形成阻滯，致使他們無法直接接觸到歐亞大陸另一邊土地上的燦爛文明。他們的商人既無法直接取道進入印度市場，也無法抵達那些更遙遠、而且可能更富庶的中國城市。

他們知道遙遠的東方物華天寶，他們想去那裏通商，但四分五裂的地中海使他們寸步難行。他們於是轉向大西洋。葡萄牙人領先其他歐洲人，最早到達印度、繼而東南亞、中國和日本。西班牙人、荷蘭人和英國人緊隨其後。他們都偏愛壟斷性的貿易手段，並以他們無可匹敵的海軍實力來對付阿拉伯、印度和中國的商人。

於是，在三個大洋皆被他們闖入之後，這些後來者就徹底改變了歷史話語。尤為令人瞠目的是，他們發揮了地中海內部的海上衝突傳統，使他們得以將一種全球性權力結構施加在原本並沒有持續性海戰傳統的地區。

歷史記載了馬來人和占婆人（Chams）在華南及爪哇海域的較量，室利佛逝王國（Sri Vijayan）稱霸馬六甲海峽兩岸的年代亦有史料可循。我們還知道，南印度的朱羅王朝（Chola）統治者曾有能力派遣海軍穿過孟加拉灣來挑戰室利佛逝王國的霸主地位。此後，滿者伯夷（Majapahit）和泰國的海軍也曾有數次短兵相接。但他們在十六世紀之前的這些所作所為，無一能與地中海地區展開的持續而致命的海戰相提並論。加之，美洲新大陸為西歐帶去了新的資源，促進了那裏的科技繁榮、資本主義和工業革命的興起。於是，新的海軍帝國如虎添翼，給世界帶來了翻天覆地的變化。

在這個全球化的世界裏，舊的封建帝國不得不讓步於那些在歐洲內部爭奪權力的商業帝國。相互的交戰持續了幾十年，他們其間的一系列會談為主權及重商主義國家的形成奠定了基礎，最終達致了《威斯特伐利亞條約》（Treaty of Westphalia）的簽訂。他們隨後逐步演進為荷蘭、法國和英國等民族國家，這些民族帝國主宰了十九世紀和二十世紀的歷史。這些帝國為各國逐步（特別是在二戰之後，隨着帝國的解體）開始接受的一套新的系統規範打下了基礎。自此之後，只有民族國家才有資格成為聯合國成員國。

許多亞洲國家都試圖從各種後殖民地形態中跳脫出來、來建構各自的民族。如今它們仍在為完成這一使命而努力着。與此同時，一些替代性結構出現了。這一情況的出現始於冷戰時期，當時美、蘇這兩個超級大國力圖將世界在他們中間分裂開來。無論美國還是蘇聯都不能滿足於僅做個民族國家或國家帝國便罷。對此，一些存在共同利益的民族國家就以發展各種區域性組織作為回應。

1990年代當冷戰結束時，全球性超級大國只剩下了孤零零一個，這種情況也是前所未有。過去的一個世紀，世界的系統規範是由兩個超級大國操縱強大的民族帝國來決定的。四十年後，舉世僅剩一個超級大國。這種變化的出現主要是由於卓越的海軍有實力一手打造如今的全球化，令全球經濟得到了增長。

深層結構

鑑於這一全球性框架，我們不禁要問，在研究未來的發展時，討論過去那段大陸和海上力量相對均衡、相互關係較為穩定的歷史還有意義嗎？這時，「深層結構」這個詞就為思考「過去會如何影響當下」這個問題提供了一個有用的途徑。弗朗索瓦·吉普魯（Francois Gipouloux）在《亞洲的地中海》（The Asian Mediterranean）一書中提到了這種潛在結構。例如，早在地中海列強抵達之前，印度洋和太平洋就已經存在一種結構。那就是集中於世

界上最大的一片島嶼（即東南亞群島）的那種半地中海（semi-Mediterranean）條件下的網絡關係。

那裏的深層結構是什麼呢？很明顯存在那麼一種結構，它將歐亞大陸的各不同部分聯繫在一起，其蹤跡在有文字記載的歷史中隨處可見，可以一直下溯到十六世紀。《亞洲的地中海》揭示了這種網絡的存在。其結構與地中海結構非常不同，因其並不受制於帝國海軍之間持續的海上衝突。此外，該網絡中從未有兩股不相上下的勢力僵持對峙1500年這樣的超乎尋常的經歷。相較於希臘人和波斯人之間、羅馬帝國和希臘帝國之間、十字軍和突厥–阿拉伯人之間在地中海的海戰，波斯灣和東海之間發生的任何衝突都要遜色得多。

印度洋和西太平洋地區的獨特之處在於其統治者立足大陸的權力運作方式，無論在印度文明還是中華文明中都是如此。幾千年來，它們一直沒有海上對手與之抗衡。這個框架中唯一的異數是遠在東北一隅的日本。在那裏，日本人確實積聚了相當可觀的軍事實力，但他們在歷史上的大部分時期都選擇超然於大陸事務之外，直到十六世紀晚期，即當歐洲海軍已經真切地出現在日本的海岸上時，日本才開始嶄露頭角。

簡而言之，在印度洋–太平洋地區沒有任何可與地中海地區相提並論的權力割據局面。兩洋沿岸的貿易活動大體上是和平進行的，而商業、文化及宗教的遷移都是在沒有重大衝突的情況下展開的。沒有任何事情靠訴諸海戰來解決。各種爭端在口岸城市和流域王國（riverine kingdoms) 之間就擺平了，統治者時常親自參與貿易談判，偶爾也會以暴力收場。這些活動將中國、日本、朝鮮的沿海地區聯繫在一起，並越過馬來群島一直綿延到印度和波斯灣。

的確，在十五世紀初，明永樂皇帝曾派鄭和率領大規模的遠洋艦隊七下西洋。這是成功橫跨兩個大洋的第一支強大海軍。這表明中國人有能力支持海軍作戰，然而這幾次遠航終以歷史性的跑偏而收場。一俟鄭和斷定遠洋上沒有敵手，明朝統治者就把海軍遣散了，對中國的海岸線之外沒有表現出進一步的官方興趣。此後，中國在外海的活動大體上就剩下福建和廣東這兩個南方省份的商人了。

這種官方興趣的缺乏將我們帶回到以大陸為基礎的中國歷史的深層結構中來。中國自古以來就是立足於大陸，因此，東海及南海的半地中海特徵從來不曾受到任何強烈或持久的關注。當然，在十世紀之後，當中國的人口向東南部遷移時，當中國出現割據、朝廷被逼南遷時，人們肯定對把握商機愈來愈有興趣。但最終，歷朝歷代仍繼續建立在大陸性的自給自足的基礎上，其北部也不得不終年面對歐亞部落的襲擊和進犯的威脅。

南亞的情況則有所不同，這是由於印度文明並不依賴於一個中央集權的官僚國家體系，其沿海王國和口岸是獨立於中央控制的。印度沿海的眾多政體相互自行開展海上貿易，也與飄洋過海而來的外國商人洽談生意。那些外商主要來自紅海和波斯灣，也有少數來自東方。但

印度與中國的共同之處是要面對來自中亞的陸路威脅。敵人總是一成不變地來自西北內陸，而印度次大陸又相對比較開敞，易受草原騎兵的攻擊。因此，千年以來，印度統治者花了很大精力重兵把守陸路邊界以確保不失。

在島嶼眾多而又陸地遼闊的東南亞，情況又一次不盡相同。在這裏，大陸與島嶼之間的利益劃分造就了一段獨特的歷史。我前面提到，那裏沒有發展出任何能與中國或印度抗衡的力量。該地區的差異主要存在於該地區自身內部，存在於依賴海上貿易的各方（尤其是在馬來群島）與面對內陸敵人威脅的大陸之間。本土的孟－高棉王國（Mon-Khmer kingdoms）與來自北方的泰國和緬甸軍隊之間的對抗，使他們長期將重心放在土地上。無論如何，大多數情況下，該地區的陸地國家與海洋性國家都基本上是自給自足的。

總體而言，決定着印度洋及西太平洋權力系統的關鍵性歷史因素出自歐亞腹地，即馬背上的勢力，類似於衝擊過中國、印度和地中海的那些騎兵。那些通過中亞陸路將三個文明連接起來的進攻性力量始終難以遏制。沿着所謂「絲綢之路」而展開的陸路貿易，靠的是眾多不同的部落國家和綠洲古鎮的共享利益，並且總是受制於局部衝突（若非全面戰爭）。相比之下，海上的聯繫就甚少涉及政治角力，因此很少有人費心去記錄海上聯繫給從事商業活動的各方帶來哪些好處。海事的記載主要就是關於船舶在港口之間進行的往來，每年隨季節和季風的變化而動，並沒有什麼戲劇性的大起大落。

深遠影響

十六世紀後，隨着全球性的海洋開發，通過歐亞大陸而進行的商業活動出現銳減，該地區也因此在過去三百年的發展中退居次要角色。那麼，歐亞核心是否因此而無關痛癢了呢？如果我們審視一下那裏的深層結構，就知道事實上並非如此。歐亞大陸腹地的各國政體仍一如既往，目光向外，朝東、西、南三個方向全方位向外審視。他們當中包括那些從改變世界經濟的全球力量中成長繁榮起來的國家。歐亞核心實際上從來都不是無關痛癢的，因為歐洲西部的現代化進程使俄國人從彼得大帝時代開始得以東進，而大陸上的其他發展則導致滿清反向西遷。到了十七世紀和十八世紀，俄、中這兩股勢力在歐亞大陸中間相遇，那一幕遠沒有當時的海洋全球化那麼富於戲劇性。但他們的相逢仍意義重大，並且這兩個帝國最終都在全球事務中扮演了重要角色。特別是在 1945 年以後，當兩個超級大國之間展開了冷戰時，中俄的相逢這使得大陸性勢力有機會對海洋性主導勢力發起反擊。

儘管如此，大陸性國家仍然處於劣勢。在冷戰時期，最精銳的海軍主要在自由民主國家或曰資本主義體系的一邊。海上優勢使得美國及其盟國的經濟快速發展，同時約束了蘇聯集團的發展。後者僅在中國沿海有些開闊的海岸，而中國人在整個二十世紀裏都無海軍可言。所以說，西方的勝利就是海洋霸權的勝利。

　　中國人這邊則因為疏於海軍建設，數百年來為此付出了高昂的代價。他們確曾試圖重振旗鼓，適時打造一支新的海軍，但在十九世紀末兵敗於日本人。1911年後，中華民國陷入割據，繼而遭到日本的侵略，無從着手建立過硬的海軍。因此，中國共產黨1949年取得的勝利，完全是贏在陸戰上。他們連一艘軍艦都沒有。解放軍第一次提到海軍是1948年要橫渡長江的時候。即使在勝利後，他們也只是與大陸性強國結盟。沒有任何海洋國家來幫他們培訓海軍，因為海洋國家正是隔海相望的敵人。因此，即使1990年代以來只剩下一個超級大國，中國也仍是面對一個完全主宰沉浮的海洋性超級大國，其實力甚至超過當年的英國。

　　在歷史長河中，還有一個啟示也值得記取。說到全球性海軍大國，荷蘭和英國的示範頗具指導性。其中，荷蘭地處歐洲大陸，而英國則由島嶼組成。前者因此一直被德國和法國這樣的大陸性大國所遮蔽，其海軍也無助於它在陸地上強大起來。而英國則在外海上不受約束，因而成長為歷史上最強大的海軍力量。但最終，英國人還是沒能堅持下來，因為他們沒有大陸來幫助維持其實力。此外，作為一個如此貼近歐洲大陸的島國，每當有歐陸國家要發展強大的海軍力量，它就會顯得不堪一擊。因此，在二十世紀的兩次世界大戰中，英國都需要美國這樣本身擁有大陸基礎的海軍來打救它。

　　在地球的另一邊，日本也有類似的問題。那就是從長遠來看，僅做個島國是不夠的。一個沒有大陸基礎的

海軍力量是不夠的。英國曾幾近成為超級大國，但其實力得不到保障，因為它沒有大陸可以依靠。可美國人就有。這正是如今這個系統規範的關鍵所在。有史以來第一次，出現了這麼一個雄踞大陸、同時又凌駕於海上的強國。正是這樣的優勢使美國的海軍力量於 1945 年以來主導了世界。美國在陸地疆界上沒有敵人，因此它是馳騁三個大洋所向無敵的海洋性國家。他們從英國海軍那裏汲取了教訓，極大地加強了陸上的保安。

相形之下，像德國和俄羅斯這樣的大陸性國家就成了跛足。他們根本就別想輕易地闖到外海上去。因此，他們的大陸力量無法支持做為全球大國所需要具備的那種海軍。至於日本，它與英國是同樣的命運。它沒有大陸性根基，拼命想登陸朝鮮、東三省以及進入中國。最後，這一切使他們鞭長莫及，他們的宏偉計劃終告破滅。

這讓我們的討論回到中國上來，來說說正在中國嶄露頭角的東西是什麼、為什麼它對於美國人及其他人來說如此舉足輕重。中國素有大陸性實力，現在又有了發展海軍的能力。中國人在 500 年前曾擁有過海軍，但復又失去。他們如今正試圖再造一套必要的心理定勢，以確保他們的新海軍有一個可持續的未來。若果成事的話，中國將成為擁有強大陸地支持的海軍力量的另一個大國。在目前階段，中國海軍還無法與美國海軍媲美。但他們現在已經非常重視海上事務。這仍是一項相對較新的發展，且中國的政治核心之中還談不上形成了什麼海軍傳統。現在敲響所謂「中國鄰國正面臨其海軍威脅」

的警鐘，顯然是另有心事，比如說，可能出於擔心美國在中國沿海的霸權可能會面臨挑戰。

中國人認識到，他們所面臨的問題是多層面的。有兩個迫切的問題。中國在經濟上與全球海洋性經濟聯繫在一起，其未來的發展有賴於此。他們顯然需要海上局勢安全可靠。與此同時，它的邊境有三分之二是陸路邊界，而且與美國不同的是，中國在陸路確實有潛在的敵人。這絕不是胡思亂想。中國人有數千年抵禦陸路敵人的歷史，他們絕不會以為將來就不會有這樣的敵人。他們的鄰國多達十幾個，並非總是睦鄰。因此他們永遠無法免於大陸性威脅。

在此，我們回到文明的深層結構上來。歐亞大陸對中華文明和印度文明的歷史產生過強大的影響，這種影響將繼續扎根於他們的文明中。中國尤其對海洋有強烈的意識，因為它看到自己的文明曾險些被來自海上的敵人所毀滅。如今中國文明進行了一番現代化，它想要確保那段失敗的歷史永遠不會重演。因此，只要強國的海軍堅持在中國沿海有自由行動的權利，中國的領導人就必須密切關注海軍，與此同時又絕不能忘記，中國三分之二的邊境在大陸上。即使在他們為應對未來的威脅而進行海上軍備及其他複雜的備戰時，強大的歐亞大陸傳承仍會告誡他們，他們必須繼續培養一種新的、均衡的全球史觀。

寫在前面

vii

在此我先要告訴讀者，他們對這本書愛不釋手的程度，是無法與我成書的欣喜相比的。在新加坡國立大學王教授的幾處辦公室，能靜下來與他不受打擾地一談數小時，這樣的機遇實在是不可多得。

在新加坡生活、工作這十幾年裏，我有幸在王教授擔任所長的東南亞研究所 (ISEAS) 供職，得以在很多不同場合聽到他就相當廣泛的議題發表高見——但我必須說，這種機會總還嫌不夠多。我置身觀眾席中，和每個人一樣，為他的連珠妙語所傾倒。像他這樣做過無數次演講的人，卻總能在內容上引人入勝，旁徵博引而又深入淺出，這一點時時令我嘆服不已。他往往不打底稿而能信手拈來，並且總能為講題提供一個宏大的敘事圖景，為聽眾提供他們意想不到的新視角。

所以，我萌生了根據對王教授的訪談寫本書的念頭。除了一個顯而易見的目的，即要記下他因日理萬機而無法訴諸筆端的思想點滴，還希望在他闡析他的想法時，我能透過聆聽來洞察他如何思考，從而深入探究其思想由點及面的機械原理與有機結構。

viii 　　本書以一位亞洲史、東亞史的學術泰斗對一位外行的歷史學者娓娓道來的方式展開，這一方式具有某些優勢，首要的就是我作為他的聽眾，可藉此以非學術的方式向普通讀者傳達這位專家的精深見解。不過，主要的缺憾也同樣源於這一熱望。在更深入探討某些問題時，在聆聽後進行追問時，由於我作為外行對世界史缺乏相應的深刻認識，故在折服於王教授縝密的思想之餘，時常會對他縱橫捭闔的思路感到疲於招架。

　　但話說回來，我的主要目的，還是要了解這位了不起的學者對於形成我們所知世界的歷史動力的見解，這對於目前有關東南亞、東亞、南亞、亞洲——乃至整個世界——的學術研究都有重要意義。這一令人興奮的課題也使我意識到，世界史作為一門學科還只是剛剛出現；那些對人類過去進行描述的傳統嘗試，要麼拘泥於歐洲中心（Eurocentric），要麼太過本地化。

　　此外，寫這本書還有一個非常私人的原因。我目前擔任東南亞研究所副所長的工作，肩負着在所長的指點下、為了未來的十年盡可能全面地建設本所研究領域的責任。為做好這項工作，我需要得到盡可能多的靈感，如此說來，還有什麼比通過一系列密集的訪談、向德高望重的王賡武教授當面討教更有效的途徑呢？還有什麼比用對話形式將它呈現給有知識的公眾更好的方式呢？

　　因此，我建議讀者只管將這訪談錄輕鬆地讀來，將ix 之作為一個靈感來源，在它的啟發下進一步去思考世界

史的各個方面，並思考這些方面是如何影響我們看待人類諸多文明之間的關聯性的。如果用更為學術的版本來呈現王教授與我分享的這些想法的話，我擔心可能難以成書，就算成書也不那麼容易為廣大讀者所接受。

王教授所給予我的，是對世界歷史更廣泛的認知——對此我永遠感激他。這些訪談給了我營養豐富的思想食糧，足以相當長久地維持我對歷史現象的好奇心。王教授向我展示的歷史畫卷是如此色彩紛呈而又一目了然，豐富了我對世上仍在發揮作用的歷史動力的認知。

他待我極為慷慨而又平易近人。我記得有位老先生，他聽到王賡武這個名字的時候總要自豪地跟我提一句：「哦，他是我在馬來亞大學時的老師。」由於我從沒上過任何馬來西亞的大學，而且根本不曾想到要攻讀歷史專業，所以這種被引為同門的誇獎總是讓我如坐針氈。我不可避免地對王教授的真傳弟子們欽羨不已。名師出高徒絕非虛傳。這或許也是我動念要做這個項目的真正原因吧——我無法抵擋這樣的虛榮。往深層次上說，我肯定是看中了做一回他的入室弟子的機會，想聽他為我傳道解惑——順便說一下，他的那些見解一旦聽懂，就會給人茅塞頓開的感覺。

每個人都曾有過這樣的經歷，在聽到一個新奇的想法時不由地感嘆：「我怎麼就沒想到呢？」我在對王教授進行訪談時就常常有這樣的感觸。我相信本書的讀者也終會深有同感。王教授對世界歷史的演繹意味深長，我很高興能盡我所能讓更多人了解到。

　　從第一次訪談開始，王教授就希望我把這本書當作我的而不是他的書。我懷着感念接受了這份慷慨，也因此對這本書的終稿負有全責。這本對話錄中必定會有些遺珠之憾，我可能在一些地方未能把握住王教授話中的深意，因而在抄錄和編寫的過程中難免形成誤導。如有此等，我先在此深表歉意，並甘願承擔責任——這是為了完成這本令我興奮的書而值得付出的一點小小犧牲，因我相信這本書能吸引世界各地所有年齡層的讀者。

　　鑑於王教授擁有身為院士的耀眼學術生涯，想必本書內容之豐富不致令讀者感到驚訝。由於他在海外華人研究及其他諸多課題上的開創性建樹，他已被本地知識界——乃至全世界的知識界——深深銘記。為了方便少數對他不了解的人，我在此簡短介紹一下他的生平。王賡武教授1930年出生於印度尼西亞的泗水市 (Surabaya, 又譯蘇臘巴亞)，在馬來西亞北部霹靂州的怡保市長大。他在新加坡馬來亞大學獲得歷史學學士及碩士學位，後於1957年獲倫敦大學亞非學院博士學位。他先在馬來亞大學 (在新加坡和馬來亞兩地) 執教了數年，再於1968年轉往澳大利亞國立大學任教，之後他出任香港大學校長 (1986–1995)。從那以後他一直在新加坡擔任重要的學術和行政職務。

　　本書在政治、倫理和社會凝聚力等方面對中國哲學進行了探討。這不足為奇，因為我倆都是馬來西亞長大的華人，對中國文化有着濃厚的興趣。這一事實很好地提示了現代化的突如其來——無論是以移民、槍砲、病

菌還是以思想的形式——對各種文明、政治和民族內在動態造成的破壞。文化上的動盪(cultural unsettlement)和哲學上的失憶(philosophical amnesia),對於世界各地許多人來說都是一份不可避免的遺產,無論這些人在西方列強的侵略下如何倖存下來;即使在經濟上很成功,但在現代的設計方案裏為自己找到一個自然而然的位置仍是他們的首要目標。中國的例子就非常突出,並帶有強烈的啟示性。現代生活瞬息萬變的特性不啻加劇了這種動盪,並影響到每一個人。但也許,正是由於這種瞬息萬變的氣氛佔了上風,宿怨和世仇才可能煙消雲散。

本書各章分別基於我和王教授五次對話的內容,每次對話大約歷時三個小時,相繼發生於2013年1月7日、14日和21日,3月25日和10月14日,在新加坡國立大學的東亞研究所和李光耀公共政策學院進行。我要感謝東南亞研究所所長陳振忠先生為此提供的支持,感謝我的愛妻孫莉莉(Laotse Sacker)悉心通讀了英文定稿,感謝劉懷昭女士準確流暢的翻譯。

導　言

人類歷史曾是大陸史

在我看來，世界史是一個新興的課題，令它應運而生的是晚近殖民時代單極政治世界的消失，以及更晚近的兩極化冷戰的結束。全球視野悲天憫人，將人類文明之間無止無休的內鬥與對決盡收眼底，本書即是要為這一視野的發展添磚加瓦。

請允許我在此先將本書的內容做一概述。本書的根本目的在於認識並認可世界歷史上一個被忘卻的關鍵角色。傳統上，世界被執迷地劃分為東方和西方——對於西方來說，東方始於他們家門口的台階下；對於東方來說，西方這個概念遠為模糊得多——而將它們連接起來的最重要的因素往往被忽視，或被視為是附帶性的：這就是中亞。

很多世紀以來，從歐亞地緣的核心迸發出來的人類動力，確實塑造了棲居在它周邊地帶的諸多文明的本質。這一點對於任何熟悉中國歷史的人來說都是顯而易見的——在中國歷史上，游牧部落不時成功地征服天朝的土地，中亞的舉足輕重因此早已得到印證。對於印度

來說，絡繹不絕的征服者會從北面經由阿富汗的狹窄通道湧入。無可否認的是，抗擊東方侵略者的鬥爭是西方文明史上的一抹重彩，無論抗擊的是波斯軍還是阿拉伯騎兵、土耳其軍或匈奴和蒙古游牧部落。

對處於歐亞大陸邊緣的文明來說，首當其衝的是要抵禦來自大陸腹地縱深之處的軍事威脅，這一當務之急留下了戲劇性的遺產供現代人觀察。在自然景觀上，隨着日積月累，陸地的主要斷層線與次要斷層線就會明顯區分開來。於是，地塹與火山的裂縫、大峽谷與山脈的延伸，向我們揭示了大地歷經的洗禮沖刷。人類歷史也是一樣，久經歲月磨礪的政治與文化的斷層線，表達着人們之間的緊張關係，訴説着那些持續的劍拔弩張的關係。本書不僅旨在讓人們關注那些主要斷層線，還要揭示它們的相關本質。這樣一來，歐洲海洋國家的崛起及其對大陸包抄圍困的能力就躍然紙上，可稱為全球政治與經濟的開場。正如王賡武教授一再重申的那樣，「全球性即海洋性。」

其中一條主要斷層線從東向西穿越地中海。在那裏，數世紀以來一場接一場的戰爭，將北非穆斯林的土地與歐洲基督徒的土地深深地割裂。從1096年持續到1291年的十字軍東征並非什麼仁義之師。[1] 遠非如此。事實上，將歐洲與它在東方的歷史報應劃分開來的最終一條斷層線是1453年拜占庭的陷落，以及1521至1580年間羅馬基督徒與奧斯曼帝國在地中海的爭戰。[2] 經過一場海戰，英、法、俄的聯合艦隊終於打敗了奧斯曼–埃及海軍，希臘才於1832年從奧斯曼帝國手中獨立出來。

屹立在歐亞大陸地塊另一端的，是不可一世的中國長城。如今它有些部分可能已經殘破了，但整體上仍強烈地體現出當年驍勇善戰的中亞游牧部落是何等令人生畏，幾千年來他們是怎樣左右了中華帝國的政策，以及在歷史上如何牽制了朝廷向海上擴張的衝動。第一代帝王秦始皇，為了確保他自己新開拓的疆土不被染指，勞民傷財都要修築起長城，誓將攻城略地的游牧民族拒於千里之外。我們看到，十六個世紀之後，明朝的皇帝們還是在幹着同樣的事，只是技術上更先進了。但這一切都對明朝於事無補，沒能挽回它1644年落入滿族人手中的命運。於是，歷史悠久的中華帝國在由東北亞入侵的外族的統治下進入了現代時期。

位於印度次大陸西北端的，是另一個飽受戰爭蹂躪的地區。北面有蒙古人及莫臥兒人從古道上長驅直入，西邊有波斯國王與亞歷山大大帝的希臘軍的進犯。[3]

其他縱深的斷層線包括巴勒斯坦走廊，它連接着尼羅河沿岸與兩河流域的肥沃土地，或許還包括歐洲內陸的斷層線，如存在於斯拉夫與條頓人之間的一條。還有一條是在條頓人與拉丁民族之間，再有就是不列顛群島與歐洲大陸之間。

而對於歐洲來說，其文明與貿易的推動力來自地中海的沿岸地區。因此，其南部沿岸及聖地的喪失，標誌着它被不共戴天的敵人困於一隅，與外面的繁華世界從此隔絕。

突圍

　　隨着海洋科技時代的到來，環球旅行成為可能，商業貿易、資源開採、軍事征服和宗教紛爭的可能性也大大增加。全球關係的動力發生了徹底的變化。的確，我們今天所知的環球是通過制海權實現的。

　　西班牙和葡萄牙人一馬當先，短短數十年的時間，就在美洲和世界各地獲得了大片的不動產。可悲的是，所有這一切的發生都是以犧牲這些土地上的原住民為代價進行的。土著的王國被毀，族人被歐陸成功突圍而來的侵略者殺戮、奴役或染上了疾病。有些侵略者是為尋求自己的宗教自由及其信仰的至尊地位而來。美洲新大陸的發現為全球摩擦增添了新的戲份。

　　與此同時，中產階級的興起助長了一股新的力量，很快就以荷蘭和英國的形式冒起。它們對南亞和東南亞政治及人口構成的影響是巨大的。事實上，「東南亞」一詞是在日本佔領東亞期間出於軍事目的而杜撰出來的。這個詞後來在冷戰中繼續沿用下來，至今仍然被我們用來指稱一個特定的地緣政治實體。

　　王教授認為，冷戰在很大程度上仍舊是大陸力量與海洋力量之間、核心及其邊緣之間傳統較量的重要組成部分。美國作為我們時代的主導力量，其舉足輕重的地位是通過腳踏安穩的陸地、手握所向披靡的制海權來實現的。其他國家都無法想像可以擁有如此不可替代的優勢。

　　如今，在中國被迫走向共和一個世紀之後，我們看到一個新的斷層線出現在地球的表面上。正如當初在地中海那樣，這一次也是在海上，從北到南穿越中國東海，延伸到南中國海。在這本書所提出的範式之內，這條被有些人視為西方國家對中國進行海上包圍的邊界，看來注定將成為全球時代的一條主要斷層線。歐亞大陸的西部邊緣，在歷經數百年的圍困後突破了重圍，約於兩百年前到達了東部邊緣。雄踞東邊的大國中國，用這二百年時間對自己舊時固守的大陸戰略進行了重新定位，開始擁抱現代公共管理和經濟生產技術，並意識到新時代的發展確實需要海上實力。

　　日本在這方面的革命要立竿見影得多，這一點毫無疑問。但在二十世紀之交，日本向島外的擴張，進一步加深了鴉片戰爭（1839–1842及1856–1860）時開始出現的新衝突邊界。太平洋戰爭（1941–1945）將美國人與歐亞大陸的東端綁在了一起，正如歐洲抗擊希特勒的戰爭（1939–1945）在西端造成的結果一樣。1949年中國轉向共產主義，使東亞變成了冷戰的主要舞台。隨之而來的韓戰（1950–1953）和越戰（1954–1975）繼續侵蝕圍繞中國沿海的衝突邊界。[4]

　　幾個世紀前強大而持續的戰爭動力，促使歐洲沿海傳統的弄潮兒們渡海逃避宗教壓迫，從許多方面來說，這一切給新斷層線的出現提供了合理的解釋。這些人在遠方的土地上發掘出難以想像的財富、權力和影響力，並在此過程中讓全球成為一體。可以肯定的是，這一全

xviii

球化進程擾亂了世界各個文明的內在動力，令它們全部陷於混亂。而那些在這場破壞性衝擊中倖存下來的文明，從此便在海洋引導下的全球秩序中扮演起新的角色。

中國近年來的崛起，使它在不久的將來會成為最能與美國抗衡的力量。然而，鑑於中國的大陸基礎一向脆弱，其力量所及相較於美國仍相當有限。但在其歷史性突圍的過程中，西方世界也為其他大陸邊緣改變了玩法。這場遊戲不再是關於核心與邊緣，而是關於各邊緣之間如何更有建設性地相處。舊時劇情下的戰略思維模式，在新的背景下無論如何都難再奏效。

對於我來說，與王教授的這一系列對話極為刺激，他提出的那些想法寓意深刻，對我看待世界歷史事件的態度將有深遠的影響。但最重要的是，他對形成現代國際局勢的那些歷史動力的理解，將為我們解決──至少是紓緩──世界各國之間目前的緊張關係提供新的選擇。我們所談論的是在國際關係研究中出現的範式轉換（paradigmatic shift）──不僅僅是在歷史和區域研究等等明顯受其思維方式影響的學科上。

註釋

1   有關十字軍東征及其對全球政治和宗教間關係深刻而持久的影響，請參見Karen Armstrong極富啟發性的著作 *Holy War: The Crusades and Their Impact on Today's World* (New York: Anchor Books, 2nd Edition, 2001)。順便說一句，根據《牛津英語詞典》的解釋，「十字軍」（Crusade）

這個詞只是後來追溯時才開始使用的，這個英文單詞遲
至1757年才出現，即在法語中以 *croisade* 指稱對聖地的
一系列軍事出征大約一個世紀以後。

2　參見 Roger Crowley, *Empires of the Sea: The Final Battles for*　xix
the Mediterranean, 1521–1580 (London: Faber & Faber,
2008)。

3　關於這個地區的歷史，請參閱 Paddy Docherty, *The Khyber*
Pass: A History of Empire and Invasion (London: Faber &
Faber, 2007)。

4　需要順帶一提的是，二十世紀末以來，美國在中東和阿
富汗加緊了軍事進程，進一步揭示了三千年來海、陸國
家之間持續存在的衝突，這也是本書所討論的內容。

第一章

核心與邊緣

對談人：黃基明（黃）

王賡武（王）

中國進入全球時代

黃　王教授，讓我們先從中國作為民族國家（nation
state）這個概念談起吧。1911年中國變為共和政
體，這對很多中國人來說肯定是天翻地覆的事。
它無疑顛覆了一種已經存在了數千年的世界觀。
此後不到40年間，一種共產主義形式的政權取而
代之，成為統治這個國家的範式。

王　確切地說，這一劇變更多地是民族主義而非共產
主義範式的積澱。中國成為民族國家，肯定會令
大部分中國知識分子感到非常陌生 —— 對於他們
來說，要適應這樣一種新的、革命性的觀念，就
要離棄中華帝制傳統，就要離棄儒家及歷史上諸
子百家的理念。在這個意義上，中國發生的革命
首先並不是一場共產主義性質的革命，而是民族
主義的革命。

2

從帝制皇朝轉變為民族國家，他們需要經歷一個
去舊迎新的階段，需要拋棄過去，以全新的眼光
審視中國、想像一種新式的國家。必須指出的
是，從十九世紀末到1949年，早期的中國各派學
者對其他傳統進行過值得欽佩的大膽探求。換句
話說，他們確實是非常嚴肅認真地看待西方的。
現在我們因為1949年後這些學者沒有了用武之
地，往往淡忘了他們。但實際上，他們中的很多
人確實進行過大量的世界史研究。他們尤其關注
西方的歷史——為什麼西方如此成功？他們想找
到答案，並很快就注意到西方歷史與中國或東亞
的歷史是多麼不同。

那麼，根本的不同是什麼呢？我想，他們在將柏
拉圖、亞里士多德、古希臘及其他歐洲經典譯介
到中國時就已經發現，沒有世界史這回事。他們
閱讀、翻譯以及為中國讀者重新詮釋的，明顯只
是歐洲的歷史。但他們同時也在獲得某種思想，
實際上是非常重要的思想。他們發現，中國在西
方眼中竟處於文明的邊緣。突然間，世界的中心
原來在「那兒」而不在「這兒」。於是，中國該怎麼
做才能成為那個中心的一部分，或重振旗鼓成為
一個可以與之分庭抗禮的中心，這件事開始縈繞
在他們的腦際，並且在後來很長的一段時間裏揮
之不去。但世界上存在另一個古文明中心，且其
截至十九世紀的歷史都證明比中國成功，這一認

知激勵了中國學人的勵精圖治之心。當時所有的社會科學，甚至包括經濟學在內，對於他們來說都是全新的領域，所以他們開始吸收一些社會科學的視角。但最令中國受眾印象深刻的還是歷史學家，因為歷史學家將他們置身在世界歷史中，這對於他們把握住由此何去何從非常重要。

而他們得到的一個基本的認識就是，他們所要應對的那個成功的文明中心基本上在環地中海區域。他們認識到，西方對歷史的解讀源於古埃及，來自巴比倫王國。在那一地區，互相較量的政治和社會制度在激烈爭鬥中演進；最終是希臘壓倒埃及模式、巴比倫模式，尤其是針鋒相對的波斯模式，推動了城邦（city states）的興起。這些城邦在歷史上確實非常與眾不同。它們是一些微型組織，而其他都是大國——埃及王朝控制整個尼羅河流域；巴比倫王國統治整個底格里斯河–幼發拉底河流域；最終，擴張的波斯帝國因循了過往的模式——歷史上因而傳頌着希臘人抗擊波斯人的偉大故事。中國人在引介西方歷史時，應該已經看到了那兩種政體之間的相互爭鬥。到頭來，雅典人的理念敗給了斯巴達人，敗給了亞歷山大帝國。亞歷山大的帝國理念無疑與波斯帝國如出一轍，羅馬帝國更是別無二致。但深究起來，那種「微型參政統治」（rule by miniaturizing political participation）的不同路徑還是保留了下來，

從不把帝國的官僚體系太當回事，這也使得向城邦理念的回轉貫穿了整個中世紀直到近現代。從深層次上說，小型政治單位的理念生生不息地存在了下來。

黃　所有政治基本上都是本土政治……

王　對。小的單位按照意願結合起來形成大的體系，但根子肯定在本土。希臘理念向公民社會理念演進，這基本上也是今天仍在發生的事。

這時，中國人從書裏了解到這一切，意識到他們的情況非常、非常不同。他們意識到，與其針鋒相對的那個文明的中心出自地中海地區，因此他們就產生了一個問題，即是否有某些使那個中心賴以維繫的東西——比如道德、宇宙觀、哲學、宗教或精神上的——與中國的非常不同。不管那種東西是什麼，它都是從古埃及王國及巴比倫王國然後到羅馬帝國及至歐洲其他部分，這樣一路演進而來。那麼，那種根本的不同到底是什麼呢？

這邊廂，中國人也發展出一個帝國，而且他們的帝國跟羅馬帝國有很多共同點。例如，它也有個官僚體系，儘管你可以看出這兩個官僚系統本質上不盡相同；一個是以武士階層為基礎，另一個是以文官為基礎。正是這種不同令兩個帝國的走向南轅北轍。

宗教思想也各異。猶太教、基督教及至伊斯蘭教都源自一神觀念。實際上，古埃及人已經孕育出了一個一神論體系，但這種一神的觀念歷經相當漫長的時間才戰勝其他諸神而成為主導。猶太人歷經千年，但還是接受了這一觀念。其實，猶太人應當說是始於埃及的，摩西的故事就是個埃及人的故事嘛。其他許多地區不接受這種一神的觀念。特別是在中亞和南亞，那裏盛行其他各種宗教。

我的理解是，中國人意識到，這種一神方案不是那麼容易就能納入到他們的泛神論信仰體系中來的。但中國人還有一個基本的超越性觀念，叫做「天下」。這裏，「天下」所象徵的可能是、也可能不是神，「天」儘管有獨一無二性，但它是否等同於神，這一點還是見仁見智。這也是基督教宣教組織在中國長期以來備受困擾的一件事。皈依基督教的中國人往往試圖調和這種分歧，他們聲稱「天」就是上帝、救主，於是就有「天主」這種說法。耶穌會士非常擅於超越這類分歧。他們把「天」、「主」這兩者糅合在一起，頗能打動一些中國人，從而能將他們從混亂的本土泛神觀念中爭取過來。

儒家及其他傳統教育薰陶出來的中國知識分子則不為所動，仍繼續探討其他路徑。最終他們從西方拿來的，對他們最有吸引力、對他們的個人見識不構成威脅的，是世俗主義（secularism）——現世科學。或者說十八及十九世紀的後啟蒙（post-

Enlightenment)時代的世俗主義與科學,是所有他們能夠接受的那些隨科學革命而來的東西。一神信仰和微型政體對他們來說很難接受。

這就在某種程度上解釋了為什麼在十九世紀,中國的知識分子在放棄了儒教治國之後,轉向了民族主義和共和政治。他們所借鏡的模式是世俗與科學的歐洲,精神與宗教部分則不入他們的法眼。他們確實認識到民主和共和思想是古希臘–羅馬傳統的一部分,而且這一傳統確實產生出科學思維、邏輯、數學等等。但他們接受不了猶太–基督教傳統。他們開始理解現代世界其實是從法國大革命以降。法國大革命給他們提供了他們所要的模式——世俗、進步、科學;而對笛卡爾(René Descartes)之流進行的一神論推導則不屑一顧。

與此同時,他們還意識到在地中海地區,猶太–基督教文化傳統與古希臘–羅馬傳統的聯姻——請允許我借用歐洲人時下這個說法——所產生的思想碰撞創造出了無比強大的文明。這一結合最終催生了世俗、現代、理性的後啟蒙時代的世界。這可能就是中國知識分子所看到的。無疑,這一視角令人難以接受地將中國推到了世界歷史的邊緣位置。但正如你所看到的,這一視角多少也有些狹隘。僅舉一例,這裏涉及兩個邊緣——東亞和南亞。某種意義上,它們之所以邊緣是因為它們有些自身特有的東西。

世界史的核心

現在我們來看看最有趣的部分，相信也是讓中國人及其他人無比困惑的部分——歐亞大陸的游牧部落在歷史上所起的作用。他們是兩三千年來歐亞大陸上的一種另類存在。如果中亞游牧國家可以被視為一個文明中心的話，那麼就連歐洲的地中海區域也成了邊緣，正如中國成為邊緣那樣。承認中亞在世界歷史上的核心作用，就使中國與其餘國家的處境不相上下了。不管怎麼說，來自中亞的威脅一直是中國歷代皇帝的心頭之患。

有趣的是，西方一直都難逃這個定數。他們的遭遇總是大同小異：遭遇塞西亞人、印度–塞西亞人、各種匈奴人直到韃靼人、蒙古人、突厥人——還有俄羅斯人！為什麼呢，因為俄羅斯如今已經被吸收到歐亞核心來了！

如果我們接受歐亞大陸為文明中心，那麼它也就成為世界歷史的核心，而所有其他部分都因此成為邊緣——東亞、南亞，西歐及地中海地區。隨之，研究每個邊緣與核心相互作用的方式，就會給中國一個有效的重新詮釋歷史的機會，而不再需要以從屬於其他邊緣的方式來詮釋。

黃　世界史該有一個核心，一種完整而平衡的敘事是可能的。

王　對。現在的事情對於中國人來說確實講得通了。整個中國歷史成了大陸性的，因為人類歷史的推手——中亞——總是迫使中國人向內陸看。中國

7

的防禦總是針對這個核心；總是在抵抗不時從大漠中殺出來挑起戰事的兇猛騎兵。所以整個中華文明是建立在將中國人區別於那些人的基礎上的。在這個意義上，即便對於中國人來說，世界的核心也不是中國。這個核心實際上是歐亞大陸，在與之區分的過程中，中國人創造了一種出於自衛的文明。

或許於他們來說更準確的說法是，世界有兩個中心——他們的以及歐亞大陸的；在兩者之間的周旋實際上就構成了世界歷史。南亞和地中海地區各居一隅，因此對於他們來說有點不相干。

經過抵禦歐亞大陸，中國演變為一個富有而強大的文明中心，創造了一種另類選擇，並前赴後繼地竭力捍衛他們與游牧民族針鋒相對的價值觀。如果歷史可以這樣詮釋的話，那麼歐洲在海上得勝的階段就只是歷史的一瞬。如果從葡萄牙人的興起開始算起，那只不過是三四百年而已。實際上直到十八、十九世紀，海洋國家才取代了歐陸國家的勢力——而且並不是完全徹底的。就連冷戰也是海陸力量之間的較量。

蘇聯在 1990 年代初瓦解了，但你看，現在連美國也想介入中亞。它想在吉爾吉斯斯坦和烏茲別克斯坦設立基地，因為美國人意識到，他們不能只從海洋這一個角度看問題。對於像英國這種比較

小的島國來說，單從海洋着眼還說得過去。大英
帝國確實樹立了一種特殊的模式，但那只是一個
短期模式，只持續了一兩百年。而它最終不得不
轉而均衡地發展海陸力量。

這有助於中國人了解自己的歷史：大陸階段產生
了中國文明；然後他們在海洋階段失手了。後者
打垮了他們的文明，令其一百多年來一直在努力
恢復元氣。但既然中國已開始復蘇，就絕不能錯
失發展海上力量的時機。他們感到，如果沒有一
支強大的海軍——這倒不是為了攻擊任何人——
他們將不堪一擊，將根本配不上海陸力量均衡的
新強國的稱號。

在這一點上，中國就像美國一樣，都是海陸兩棲
的國家。如果你從一個更廣闊的視角來看，就會
看到中國人希望——這仍然只是個希望——他們
可以提供另一種看待世界的方式，一種可以與現
時盛行全球的地中海海洋文化相抗衡的政治文
化。中國人已經成功地在陸上實現了強勢，而俄
羅斯人迄今在這方面都很失敗。但俄羅斯人可以
對中國人有利，而且假如雙方能相安無事的話，
兩國之間可以達成確保大陸內部關係不致惡化的
一致行動。這樣的話，中國就有機會在海上也建
立起自己在全球的一席之地。他們可以提供另一
種選擇，至少可以指望自己在西方主導的世界上
不是個被動者，而是同樣與世界歷史息息相關的

合作夥伴，並使自己提出的不同觀點能夠最終得
到西方的尊重。

我認為這是他們最終所希望的——他們不想成為
一個主導性核心的一顆衛星。這種可能性激發了
他們。

9　黃　在我們沿着這條令人興奮的思路展開之前，我想
先請教一下，您如何定義歐亞核心？什麼是核
心，什麼是邊緣，以及它們之間是一種什麼樣的
動態關係呢？

　　王　人類進化的階段之一是游牧階段。草原游牧階段
在歐亞大陸的心臟地帶得以倖存下來，因為在那
些地方，農業並不是人類社會發展最有利可圖的
方式。隨着時間的推移，其中的一些牧民開始定
居下來務農為生，主要是在尼羅河以及兩河流域
沿岸，還有印度河和黃河。於是，農業國家開始
演進。這些都屬於非典型性的。他們是從某些仍
舊存在的東西中演變而來。核心依然存在——最
初仍然是游牧民族。游牧民族代表了更為原初的
人類境況，而中亞的地理也使他們得以存在了很
長很長的一段時間，實際上直至進入現代時期。[1]

他們從來沒有失去表達自己的生活方式的能力
——現身說法，並盡可能地將自己的生活方式強
加於他人。當然，他們中的許多人在遷移到阿拉
伯世界、俄羅斯、中國時，實際上已進入了農業

文明。對了，還有北印度！說到底，誰是莫臥兒人？莫臥兒人就是突厥化的蒙古人的後裔；他們就是從唐朝手中奪取了怛羅斯要道 (Talas Line) 的那群伊斯蘭化的人。雖然固守佛教的那部分蒙古人相對比較克制，但接受了伊斯蘭教的那部分人卻有不同的使命，他們一鼓作氣拿下了北印度。這些穆斯林統治了印度河–恒河平原很長一個時期。德里的蘇丹國 (Sultanate of Delhi) 一直存在到1857年，也就是說有六七百年的歷史。他們是穆斯林統治者，他們沒有試圖讓每個人改宗；只要印度教徒跟他們還過得去，他們就不想庸人自擾。而信奉多神的印度教徒是非常隨和的。對他們來講，再多一個神又有何妨？

核心不斷向外推進，但始終存在着。它無法轉變為農耕社會，因此就這樣持續下來。反倒是農耕社會受它的壓力；而且它還真的很能施壓。直到二十世紀，世俗、現代、科技世界才終於戰勝了這個核心。現在發生在蒙古的事情絕對是悲劇性的，但同時也完全是自然而然的。蒙古人如今在做什麼？他們在開礦，並且在努力創建民主。舊的一切已破壞殆盡。一切都走到了盡頭。人類發展中的一個階段差不多告終了。

核心現在徹底瓦解了，以蘇聯的解體為例，原來的邊緣正開始佔據核心地位。土庫曼斯坦、烏茲別克斯坦、吉爾吉斯斯坦，和哈薩克斯坦這樣的

地方深受俄羅斯各方面的影響，以致伊斯蘭世界這一重要組成部分現在世俗化的程度，是阿拉伯世界中前所未有的。阿拉伯世界抵制過，但最後會以失敗告終。甚至連土耳其也是這樣。土耳其曾是那些核心國家中最成功的一個，但被西方滅掉了。俄羅斯人滅掉了其他突厥人，莫臥兒人逐漸印度化了。所以，到頭來，核心不再穩定，現在正對內構成威脅。

自十九世紀以來，邊緣現在第一次有了發言權。我們現在看到的是邊緣之間的較量。在這方面，我們要問的是，中國在多大程度上能頂住最近來自西方的變化，它是否能提供別樣的、某種與英美世界所倡導的世俗和科學立場差距不太懸殊的選擇？這就是英美世界對中國如此擔心的所在。他們現在放心不下是因為中國是唯一可以提供另類選擇的地方，別無他人可以做到。世界的其餘部分只是英美世界的延伸，甚至包括印度在內。看看印度知識分子寫作的方式，他們與英國人或美國人幾乎沒什麼區別。而另一方面，中國人就不是他們那樣的寫法。為什麼不是呢？

日本一直試圖成為另類選擇。他們確實不同，但似乎不夠強大。他們大談其例外論（exceptionalism），但他們的例外正是因為他們還不夠強大。中國現在面臨的問題是如何不要引起別人的畏懼、如何讓別人信服中國是和平崛起。

黃　説到這裏，我想到了在阿富汗一再上演的大博弈（Great Game）……或許那便是邊緣對核心構成實質性威脅的地方。

王　是的。我想是這樣。英國人很久以前就發起這場博弈，但是失敗了。他們一次又一次地失敗了。俄羅斯人也嘗試過，但同樣失敗了。然後美國人來了……

黃　處於二十一世紀的我們，不就是處於核心–邊緣搖擺不定進程的新階段嗎？

王　但我認為，這個核心也只是苟延殘喘地再自我維持一陣子而已。由於現代科學、通訊技術、現代管理方式的出現，以及對空中、海上，及網絡空間的征服，歐亞核心的好日子快要到頭了。它曾經輝煌一時。但你可以看看蒙古，看看哈薩克斯坦，你就知道他們要往哪裏去。他們現在註定要成為城市化疆域的延伸。

黃　對於中國人來説，大陸性的威脅肯定不像從前那麼令他們心煩意亂。

王　如今他們面對的是俄羅斯人和伊斯蘭教。而在南部，印度代表了西方往西藏的推進。　　　12

　　説到我們所感興趣的內在動力，中國歷史本身就能告訴我們很多。考古學的發現表明，夏朝（約前2100–前1600）甚至更早以前，中國文化具有相當程度的游牧性。隨着農業的發展，務農的人們發

現，如果繼續以小農形式存在下去的話，他們就無法真正地保護自己。老子（約前六世紀）提倡歸隱，但那種雞犬相聞的田園理想，根本不可能倖免於游牧民族的入侵。農民很容易受到流動騎兵的傷害，所以不得不修建圍牆藩籬來抵禦敵人。但騷擾並沒有因此止步。直至這些游牧民族萌生出建立一個穩定國家的想法、不想繼續在馬背上遊蕩下去，才總算超脫了出來。

游牧民族沒有首都；他們四處闖蕩，來去無蹤。你會注意到，上古時代的中國人也沒有首都，他們也是居無定所。商代（約前1600–前1050）的統治者多次遷居。甚至到了周朝（約前1056–前256）仍數次遷徙。不過，周朝時出現了天子統領諸侯以對抗游牧民族侵擾的想法。那時他們已經在北邊修築了部分防護牆，要將游牧民族排斥在外。他們彼此之間毫無疑問也在爭鬥，但在抵禦外族入侵上最終不得不認可一個權威。但發展到這一步用了將近一千年的時間——從商朝末年歷經孔子的春秋時期（約前770–前475），一直到戰國（前475–前221）。

從千邑林立，到數百個小國並起，再到戰國七雄逐鹿，政治單位的數量持續不斷地減少。在此過程中的每一步，他們都在抵抗游牧民族的同時試圖鞏固自己的農耕之國。在這個話題上，我深受歷史地理學家歐文·拉鐵摩爾（Owen Lattimore）

《中國的亞洲內陸邊疆》(*Inner Asian Frontiers of China*)[2]一書中描述的移動的邊境(moving frontier)的啟發。他促使我想到,在大陸真正的游牧領土和農業地區之間總是存在一個中間地帶。誰控制了這個中間地帶誰就決定了世界的歷史。

在周朝和秦朝(前221–前206)之間這一時期,這個中間地帶一直是個主要問題。當時的游牧民族被稱為匈奴。我們無法十分肯定他們是什麼人,但有可能是突厥人的祖先。中間疆域上散落着耕種的農民。這是一個可移動的邊界,是一個將雙方分隔開來的有用之地,讓他們可以相互招架。這一方強大起來了,邊境就推過去,那一方強大了,邊境就推回來。我不想過分簡單化這件事,但這裏面有一種節奏感。

黃　對絲綢之路的覬覦就是這種戰略調整的一部分,不是嗎?

王　正是如此。這是對強大的歐亞核心周圍其他農耕邊緣的承認,不是嗎?古巴比倫和印度河谷有些強大的國家。絲綢之路成全了與這些其他民族的接觸。游牧民能生產的東西很少,能與之交換的最多也就是些獸皮和馬匹。但其他地方的民族能製造出各種精美的產品。所以絲綢之路要與其他邊緣連接起來;但這麼做總是得有歐亞強權的許可。換句話說,為保持絲綢之路的開放,你必須跟歐亞強權相安無事。畢竟,他們是控制要道而

不是控制邊緣的人。他們不高興的時候可以隨時
斷了這條路。

14　但是，只要他們認為這事對他們有利，他們就會
保持放開的態度，坐等分成就行了。所以他們有
時不但不打你、不侵犯你，還在這裏那裏建起了
星星點點的綠洲，隨你去搞貿易，他坐享其成。
貿易是你必須做的，但你又繞不過他的地盤，這
是一種相當息事寧人的安排。所以歷史上有這麼
一個時期，歐亞沒有戰事，整體上都出於各自的
利益而願意保護絲綢之路。居於邊緣地帶的民族
必須走絲綢之路，這就再次確認了歐亞陸地的中
心霸權，也就是游牧民族的勢力。

如果這樣解讀全球歷史能站住腳的話，那麼中國
人就可以把自己與另一端的邊緣看作是一種半斤
八兩的關係，而後者不管怎麼說也才不過稱霸了
大約二百年的時間而已。

直到十八世紀末，當他們終於掌控了海洋時，英國
才真正成為主導力量。這一點在羅伯特·克萊夫
（Robert Clive）和沃倫·黑斯廷斯（Warren Hastings）
這樣的人住在印度時最為顯而易見。[3] 一旦法國人
和荷蘭人靠邊站了，英國人就基本上成了呼風喚
雨的角色。最有意思的是，英國人有史以來第一
次成為歐亞勢力的替代者——並且是在全球範圍
內。在那之後，英國人毫無疑問輸給了美國人。

為什麼輸了呢？因為美國人有一片大陸可以立足，而英國人沒有。你看，如果沒有大陸作為立足之地，純粹的海上力量永遠難以為繼。因為在那樣的情況下，你將永遠處於周邊。你依靠海洋生存；深入陸地就要甘冒風險。我們都說帝國主義如何如何，但實際上，英國海軍要闖入亞洲大陸是非常、非常困難的事。

事實上，英國——還有美國——的勢力本質上是跟港務系統有關的。新加坡就是個活生生的例子。葡萄牙人設定了模式，就是控制了關鍵港口和海上通道。他們無法深入內陸。西班牙是個例外，但程度有限，只有在沒有遇到阻力的情況下才能成事。他們在菲律賓成功了，因為沒有農耕國家抵抗他們，除了南部的棉蘭老島。

黃　在馬來半島，英國人於1786年建立了檳城港，又過了長達一百年的時間才進入霹靂州，才算差不多登上了半島。

王　在很長一段時間裏，英國人甚至沒有做此嘗試。他們沒興趣一試，他們不想承擔那麼大片領土的管轄責任，他們只想要個島！你看他們多麼聰明——他們感興趣的一直是島嶼，他們專揀容易防衛的——檳城從很多方面說就是個很好的例子。這事是從葡萄牙人取得果阿、馬六甲、澳門，及幾個「香料島」開始的。他們從沒有往內陸挺進。

15

葡萄牙人想在長崎一試身手，但日本人把他們趕了出來，因為耶穌會士已經成功地把日本人變成了天主教徒。荷蘭人其實起初也是這樣的，他們並不想要印度尼西亞群島，甚至沒想要爪哇島，他們有巴達維亞和馬六甲就歡天喜地了。

到英國人進入印度時，情況就大不同了。從許多方面來說，這是悲劇，是大英帝國的終結。這一行動並不符合其沿海貿易的商業模式。但東印度公司最終捲入到印度人的內部紛爭中，接管了馬德拉斯（Madras），又接管了孟加拉。內鬥把他們拉了進來，他們不得不幫着一方反對另一方。於是他們就想：「好吧，我們只是要把生意做大！」從理論上說，沒錯，或許是這樣，但1857年的印度兵變（Indian Mutiny）真的讓他們陷入了泥沼，而且基本上瓦解了大英帝國。那之後，他們在別的地方也屢屢失手，因為他們對印度的統治已騎虎難下。

黃　所以，1874年，他們不得不關閉了東印度公司。

王　一家公司可以應付幾個港口，甚至是一連串的港口，但應付一個帝國？怎麼應付得了？事實上，早自十八世紀末開始，官方就已經介入東印度公司了。每當政府發現公司力有不逮時，就會投入更多的海軍力量。

但他們在海上首先要打敗的真正對手是法國人。法國人在1809至1811年的毛里求斯戰役中敗北，

於是被排擠出了印度洋。在英國的默許下，印度的本地治里鎮（Pondicherry）留在了法國手中，因為他們已經相安無事了。

但是，從黑斯廷斯一路到印度兵變，英國人在捲入印度的大陸冒險活動之後，發現自己陷入了困境。印度——所謂大英帝國「維多利亞女王皇冠上的寶石」——實際上是他們的「阿喀琉斯之踵」。他們已經擴張過度了。當然，僅靠少數人設法捍衛着這麼龐大的帝國，並且不斷創新，堪稱輝煌的壯舉。那正是美國得到的遺產。美國人非常用心地研究了大英帝國史，從中了解他們所繼承的是什麼。基本上他們是要完成英國的未竟事業；而要完成這一事業，他們需要成為唯一的超級強權。在與蘇聯對抗了 40 年之後，他們實現了這一點。1990 年是一個時代的結束。這是對歐亞大陸完全征服的一刻，它標誌着大陸國家在與海洋國家的鬥爭中失敗了。東歐徹底崩潰了，幾乎所有國家都被西歐體系所吸收。俄國不得不全方位撤退。這時五角大樓和歐洲的戰略智囊們指出，還有最後一個大國在負隅頑抗——這就是中國。

黃　這麼說，他們完全將中國人看成是大陸屬性的。

王　是的，他們同時也看到，作為英美帝國體系需要攻克的最後一個陸地大國，中國的發展是想要超越大陸的局限。他們知道中國人正着手樹立海軍

軍威，正在轉向航空航天技術和網絡空間。而所
有這些都是重塑世界的變革性技術。中國人學得
很快，正在呈跨越式發展。

黃　後發優勢……

王　後發者確實有其優勢，但他們仍然依賴於西方，
因為所有技術都是從西方學到的。但基本上說，
中國必須成為海上強國。從歷史上看，他們一直
很不情願這樣做。他們在十五世紀時本來有這樣
的機會。從宋代 (960–1279) 一直到明代 (1368–
1644)，有大約三百年間，中國實際上曾是個海上
強國。他們稱霸中國東海和南海，可以一路航行
到印度洋。但他們放棄了，因為在某種程度上，
他們非常傳統，他們斷定那些地方不存在真正的
威脅，所以何必浪費資源呢？如果外面的人想做
交易，歡迎他們來中國好了。葡萄牙人那時還沒
有出現呢，你看到了。

而對於中國來說，來自大陸的威脅倒是實實在在
的——蒙古人和其他民族一直在不斷地入侵。在
那裏，你看到的是中國歷史上經典性的分隔。把
所有資源都從沿海地區調配過來，投入到修建長
城中去，把所有分散的點位連接成線，這麼做還
是滿有道理的。他們花了一百年的時間，這期間
所有的資源都調往長城了。我們知道，最終他們
失敗了。對於他們來說，游牧民族還是太強大
了。最後的結果是滿人和蒙古人聯手，在一些漢

人的幫助下，推翻了明朝。這下情況更糟了，因為這下中亞核心實際上已經接管了農耕社會。清朝本質上是滿蒙合夥，加上些漢人的參與，攻克了農耕社會，並利用耕地制度來保障自己的權力。他們採納了儒家體系，不是因為他們是儒家，而是因為這是能保障其統治三億人口的方式之一。否則的話，你怎麼管得過來這麼多人呢？

但滿蒙仍繼續是游牧型的政權，還是游牧民族的思考方式。這就是為什麼他們進入了西藏和新疆。這是非常非漢族性 (un-Chinese) 的擴張。只有像蒙古和滿族這樣的民族才會做這種事。漢人永遠不會搞這樣的工程。

黃　　為了做到他們所做的那些，清朝必須既是農耕也是游牧的社會。

王　　滿族就是集兩者於一身；我跟你說，他們幹得很漂亮！你看前三位清朝皇帝——康熙，雍正，乾隆——他們真的是了不起的皇帝，自秦漢以來最強有力的皇帝。中國古代最有活力的時期是從秦始皇 (前 221–前 210 在位) 到漢武帝 (前 141–前 87 在位) 這段時間，約 130 年左右。康熙到乾隆末年這 130 多年 (1661–1796) 則是中國歷史上最強大的時期。這些皇帝既「着陸」也游牧。他們由北部南下，是歐亞核心接管農耕國這一偉業的一部分。他們接着又把清朝的邊界向西推進，到了以往任何朝代都不能企及的程度。

19

宗教對政治的左右

黃　唐朝 (618–907) 在這一背景下的情況如何呢？

王　唐朝基本上經營着絲綢之路。唐朝就像葡萄牙和
　　大英帝國，控制着港口城市，但也沒有太超過這
　　些。游牧民族設法守住核心，而唐朝的中國人則
　　控制着綠洲、把持着要塞。但即使如此，這種平
　　衡也只是在一定程度上有效。中國人守在新疆以
　　內。他們沒有超出這個範圍，並沒有控制中亞的
　　費爾干納 (Ferghana) 和撒馬爾罕 (Samarkand)。那
　　些地方他們鞭長莫及。

　　當時的重要因素是阿拉伯人來了，伊斯蘭教來
　　了。換句話説，另一個邊緣也在向核心區域推
　　進。唐朝這方面的姿態是防禦性的，而另一方的
　　姿態則要積極進取得多。既然征服了波斯，阿拉
　　伯人就已別無選擇。他們繼承了波斯帝國，而波
　　斯帝國便是中亞。在幾個世紀裏，早在阿拉伯人
　　入侵之前，波斯文化遍及中亞各地。在中國唐代
　　時期，遜尼/什葉派的教派分歧在穆斯林中還不嚴
　　重。他們同屬一個倭馬亞 (Umayyad) 王朝 (661–
　　750)。

　　總之，阿拉伯人進入了中亞，而他們最大的成功是對
　　抗印度–塞西亞人，後者是景教教徒 (Nestorians)、
　　猶太人和祆教徒 (Zoroastrian)。阿拉伯人把他們都
　　打敗了，甚至連印度人，即現在巴基斯坦境內的

印度教徒和佛教徒，也都成了穆斯林。波斯的邊境千瘡百孔——像如今的阿富汗——他們幾乎沒有遭遇抵抗。因為那邊沒有大國，只有綠洲裏的前哨部隊。阿拉伯人把他們一網打盡，並在另一端與唐朝作戰。

人們今天談到公元751年的怛羅斯之戰時，會將它作為中國人與阿拉伯人之間的歷史性衝突。對於阿拉伯人一方來說，這一役確實很重要，因為它為阿拉伯/穆斯林的影響劃定了一條界線。而對中方而言，這只是小事一樁。他們損失了一些人馬，並沒有將此太當回事，唐軍主帥是一個叫「高仙芝」的高麗人。中國的史料中確實提到了怛羅斯，但只是當成他們的一次小挫敗。

但是，如果你從更大的歷史圖景看，這一役頗具意義，即，這場戰事使中國人與阿拉伯人涇渭分明，各佔一邊。阿拉伯人沒有太越界。怛羅斯其實就是今天新疆與穆斯林國家之間的邊界。阿拉伯人贏得了這塊基地，伊斯蘭教就可以通過讓游牧民族皈依，把他們轉化到西邊去。

歐亞大陸的各部落基本上都是草原文化的一部分。但從這一點上說，我們所認識的蒙古人和我們所認識的突厥人之間就有所不同了。其分歧就在宗教上。中亞的人成了穆斯林，而東邊的人仍然信奉藏傳佛教。突厥人可能更具阿拉伯人、波斯人或歐洲人特徵，而蒙古人則偏於蒙古利亞人

種特徵。但在突厥人當中，你也會發現很多人也有蒙古人的特徵。他們的分歧甚至不是一種文化性的分歧。他們作為游牧民族的生活方式仍然非常相似。

黃　即使在東南亞，我們也能看到伊斯蘭教與佛教之間那種明顯的界線。

21　王　這不是偶然的。它們分別代表完全不同的世界觀。他們僵持到了一個份上，兩邊都沒有足夠的力量再往前推進了，所以就達成了諒解，把事情放到一邊了。但伊斯蘭教竟能征服印度教和佛教主導的馬來群島，這是非常不得了的事情！其實本來是能畫地為牢，讓東南亞仍信奉印度教–佛教、仍存在於印度傳統內，像印度那樣。當然，蘇菲派及其他伊斯蘭教信徒很能幹，將伊斯蘭教以一種令印度教–佛教人士可以接受的形式傳入，因此在印度取得了成功。他們在蘇門答臘也如法炮製——在亞齊和更往南的地區。所以你可以看到，在某個時期，在發展大型政治和經濟體系以延續滿者伯夷（Majapahit）等爪哇島國的存在時，所有的統治者都出於自身利益而樂於接受阿拉伯、印度的穆斯林商人做生意夥伴——但這回是在伊斯蘭教的影響下。亞齊和馬六甲原則上是通過讓統治者皈依其宗教而實現伊斯蘭化的。

基督教在日耳曼人和斯堪的納維亞人之間也是這

樣偶然傳播開來的。讓國王皈依！這也是耶穌會在中國需要做到的事情。

所以説，這是一種基本的模式。一神教控制世界的方法就是通過讓統治者皈依其信仰，沒有別的辦法。如果統治者反對你，你就不能滲透他的王國。從羅馬帝國時候就開始了。基督徒是什麼人呢？他們是被扔去餵獅子的奴隸！毫無疑問是婦女在傳教，在男人的幫助下。但整體上説，男人都不得不去打仗，然後被殺掉了！但有婦女保守信仰。有那麼三百年當中，被她們説服皈依的只有奴隸。

這很快導致了國王的皈依，然後就成為一種行之有效的途徑。在他們成功使君士坦丁大帝（272–337）皈依基督教之後，羅馬帝國變成了一個基督教帝國。他們所到之處，不管是法國還是英國，基督徒都會瞄準國家的領導者。有一本名為《愛爾蘭人怎樣拯救了文明》（*How the Irish Saved Civilization*）的書顯示，就是那些到愛爾蘭去的修道士最終使得斯堪的納維亞和日耳曼的國王皈依了基督教。[4]

伊斯蘭教基本上使用了相同的配方。在這裏，你看到宗教的力量如何克服世俗思想和所有其他的政治制度，而後者最終在一種超自然的、精神上的觀念選擇面前顯得非常脆弱──因為這種東西

是任何國王都無法給予的。但如果一個國王能夠把他的實力與宗教信仰結合起來，那他就會所向無敵。畢竟，統治者是政客。他們會揚長避短、尋求正統地位：我可能在一場戰爭中打敗一個人，但別人也會打敗我。但假如我能確立我，以及我的後代，與某種比戰功更重要的東西的關聯，假如我所有的勝利都受到比我更高的權力的許可，那麼我的合法地位就有保證了。這會給我一種了不起的優勢。然後我還可以說我的子孫後代都具有合法性。

中國的社稷一開始也是這麼搞起來。周朝取代商朝的基礎是什麼？毫無疑問他們贏得了決定性的戰役。但他們如何證明取而代之的正當性？這就是革命所要面對的問題。它源於正當起義的想法——它是正當的，因此是成功的。在取得成功的過程中，周朝將整個體系變成了全新的一個，這就是革命。「革命」這個詞第一次使用是在《尚書》中，描述從商到周的政權易手。後來又被追溯理解為商朝取代夏朝的依據。周朝這種對歷史的追溯解讀賦予它自身以合法性。

那麼它為什麼能成功？因為「天」意呀！「天」這時是在政治上發揮作用，為周朝有別於前朝的新統治提供合法性的基礎。它得到了某種超凡之物的恩准。這也使我們回到了中國人是否有一個能賦予國家合法性的宗教這個問題上。我認為是有

的！我認為這時便已確立了。最近有一本相關的書，寫得非常好，作者是余國藩（Anthony C. Yu）。[5] 我發現他這本書在論述商朝有宗教信仰這一點上非常有說服力。「天」實際上並不是周朝的思想——這是商朝時就有的想法。反過來，商朝時的這種想法，可能來自更早的時候，從農業社會出現時就有的，即認為有一種自然界的宇宙力量，其意志可以被人領會。

黃　這就是用烏龜殼占卜的時期。

王　龜殼卜卦肯定是其中的一部分——從中揣測「天」意，推天道以明人事。你卜上一卦，並解讀卦象，以此來說明你要做的是正當的。如果你有意出兵犯敵，你就先畫符占卜一下凶吉，然後讀象辭，讀出「替天行道」的吉卦來。如果你打了勝仗，那就剛好印證了這一點——天意如此啊。

雖然商朝發展了這一觀念，但並沒有以一神論的方式從制度上確立它。你知道，在某種程度上，中東和地中海地區最具革命性的思想是政教分離的主張。基督徒提出，他們侍奉凱撒大帝與侍奉上帝有所不同，以此作為在羅馬帝國生存的部分變通之道。他們必須設法賦予這些掌握權力的非基督徒統治者以合法性，——那就是「讓凱撒的歸凱撒，上帝的歸上帝」。這是前所未有的重大創新。埃及人從來兩者不分，上帝與國王完全是一回事。將凱撒和耶穌分而論之的想法真令人拍案叫絕！

24

這也是為什麼基督教後來在歷史上會回到世俗主義上來，以及伊斯蘭教為什麼不能，伊斯蘭教並沒有將世俗統治者與穆罕默德及安拉分開而論。

如果我們回到關於西方現代進步開端的討論上來，中國人也明白，實際上這種進步源於凱撒和耶穌的分離，使基督徒得以發展出教會的神聖不可侵犯性。在教會裏，國王沒有話語權。而這並不適用於任何其他宗教。當時還有把國王逐出教會的想法。上帝可以懲罰他。他們怎麼想出這一招來的？真是高明！它進行了分權，並在此過程中保障了教堂、修院的神聖性。統治者入內時無不俯首敬畏上帝。這些祭司確實非常聰明！

成功做到這一步之後，大學的基礎就建立起來了——即教內的知識超越國家管轄的領域，並且由教會控制知識的想法。當教會可以做到這一點時，接下來的關鍵問題當然就是：大學能掙脫教會的左右嗎？他們花了幾百年時間來尋求答案。但是，他們能做得到恰恰是因為大學可以擁有被教會保護的知識。所以只要不反對教會，求知就可以繼續，國家不能干預。於是，教會這種做法使一些學者得以探索知識的前沿，從聖托馬斯·阿奎那（St. Thomas Aquinas, 1225–1274）一直到文藝復興時期。

25 　歐洲人還發現，古希臘哲學家的著作在1453年君士坦丁堡淪陷之後全部被譯成了阿拉伯語，並發現

阿拉伯人一直在發展其中的想法。這些經典著作一經引入到歐洲世界，教會背景的知識中心就開始加以研究。不用說，這些古籍令他們驚訝不已。因為他們把它們全忘得一乾二淨了。是阿拉伯人保存了下來——在西班牙，在大馬士革及其他地方。

歐洲本土政治的成功

黃　拜占庭人對古希臘哲學肯定仍是熟悉的。

王　顯然是。現在我覺得這件事很奇特。拜占庭帝國的政權在教會事務中比在羅馬帝國那邊有更多的發言權，原因是神聖羅馬帝國設想教皇有着世間任何統治者所不敵的超越性。拜占庭人就沒有這樣加以區別。對他們來說，他們的皇帝和教會基本上是沆瀣一氣的，共同行使權力。這是我的理解。

說到羅馬這邊——這使我們的話題回到早先我關於微型政治單位的觀點——構成日耳曼部落系統基礎的，是對小單位的認可。日耳曼人總是對集權化的單位表示懷疑。他們的部族源於小型化的政治單位，領導人靠軍事實力、膽識和勇氣來獲得合法性。這限制了神聖羅馬帝國的集權，並且讓這些小單位保留了下來，城邦保留了下來，小型農業國也保留了下來。一直以來，人們總是不得不訴諸教會，在做任何事情之前先要祈福。

我認為，這相當弔詭地成為歐洲成功的秘訣。它一開始曾是進步的障礙，因為這種對知識的控制使人們很少有機會去創新。任何事都必須符合教義。但最終，由於它也保護了知識免於政府的干預，因此時不時地，就會在系統內部、在對邊界的衝撞中，出現嘗試新思想的人。這些人都是修士或祭司，而他們的知識只要不違背聖經，就得以存在。當然這也是有限度的。每當矛盾出現時，錘子都會落下來。

宗教改革——實際上是革命——因文藝復興而得以出現，柏拉圖、亞里士多德，及其他年代久遠的希臘哲學家的思想重新得到引介。從哲學上説，這些思想都非常有説服力。例如，對星空所產生的科學上的好奇心，以及對星星與世界地理相互之間關聯的探究，這些求知的行動是為了使《聖經》更為可信。但是，在某些時候，難以自圓其説的情況出現了，特別是在有關行星和恆星的運動方面。

到那時，整個結構都動搖了，新教運動爆發了。英王亨利八世 (1491–1547) 遇到的情況只是偶然的。真正的英雄是馬丁・路德 (Martin Luther, 1483–1546)，他的挑戰是知識分子意義上的，而不僅僅是像那位大權在握的國王出於一己之私而行事。此外，路德的挑戰是發自內部。他是一位飽讀經書的修士，很長時間裏都是個循規蹈矩的人，直到他再也忍無可忍了。他的決裂也成了衡

量這個制度腐敗的一個標尺。如果天主教會真的運作良好，如果沒被梅蒂奇家族（the Medicis）及其他那些進入教會的大政客加以利用，這個故事就會有所不同。但教會已經明目張膽地腐敗了，人們都看在眼裏。如果教會的腐敗透頂不是已經昭然若揭的話，路德就不可能成功。

黃　已經水到渠成了……

王　水到渠成了！並不是因為有路德。德國人起而行之，瑞士人、奧地利人、斯拉夫人、法國人和英國人都動起來了。他們突然間都有了其他想法，因而產生了德西德里烏斯·伊拉斯謨（Desiderius Erasmus, 1466–1536）或本尼迪克特·斯賓諾莎（Benedict Spinoza, 1632–1677）這樣的人。他們中許多人來自小地方，這毫無疑問，但他們在場。不是祭司的人也都受到祭司的教育——那時候每個受過教育的人都是在教會接受教育。

27

儒家秩序

黃　蘇格蘭也是類似情況嗎？

王　是的，但是到很晚之後才出現的。他們一直等到十八世紀。到了那個時候，宗教改革已經鋪天蓋地了。蘇格蘭人開始向瑞士加爾文主義者取經，但變革只觸及拉丁世界的邊緣。法國人最終退縮

了，趕走了他們的新教徒——這些人就只好跑到
荷蘭，跑到英國和德國去。

黃　還有飄洋過海到美國去的……

王　到美國去。所以說，那真是一場重大的鬥爭。

但這一切對中國並沒有產生什麼直接影響。現代
時期有一種思想，就是要為中國人指出西方發展
中他們可以領會但一直沒有的東西。中國人沒有
政教分離這回事。但這並不是因為任何強大的意
識形態上的排斥，並不是像伊斯蘭教按《古蘭經》
教義進行統治那麼讓人受不了。

對於中國來說，沒有政教分離是因為沒這個必要，
而這就是儒家發揮關鍵作用的地方。我猜，要不是
儒家思想在朝廷那麼成功，別的事情就可能會發
生。例如，如果是佛教佔了上風，那麼中國的情況
就會有很大的不同。但儒家竭力維持了對局面的控
制，為國家提供了穩定的政治基礎，並且因為儒家
就在朝廷裏，因此無需搞什麼政教分離。他們可以
說代表着一種具有社會意識的教會，一種對來世並
無太多牽掛的教會。這一世俗知識分子群體的受訓
方式——他們一起學習同一經典、完全沉浸在同一
套讀本中——在某種程度上說，他們接受的是修院
式的秩序。而這種秩序對朝廷來說是必要的。事
實上，朝廷實際上是賦予儒家思想以公共合法性的
國家機器，而儒家思想反過來為軍隊、貴族等等提

供知識鋪墊。二者已經結合為一體了，因此他們從來沒想到要政教分離。至今依然如此。

中國依然有這樣的根基。毛澤東以自己的方式，在不自覺的情況下，創造了國家機器與共產主義官僚機構緊密聯繫在一起的國家。科學社會主義的知識儲備和國家的資源成了一回事，因此政教分離再次顯得沒有必要。不需要在國家政體之外存在一群為多姿多彩的社會做貢獻的知識分子。

中國人並不是真的沿着西方的老路走。在西方，世俗化已經到了知識階層實際上與國家分離的地步——知識階層建設性地對國家進行批評，以保持國家誠實可靠。這一點是另兩種傳統都有所缺失的，儘管中國人不像穆斯林那樣極端。他們實際上有能力選擇任何一種道路。毛澤東實際上是朝一條道上推進，將一套意識形態和教條強推到至高地位以控制國家。國家在加以運用時絕對是極權主義的方式。他把這一套推行得很遠了，而中國人拒絕了它，他們發現在那樣一種政權下生活根本是不可能的。

中國人現在已經從毛時代的意識形態後退了幾步，但他們也不打算走別的路。事實上，他們退回到了原來所處的位置。他們尋求的本質上並不是儒家思想，而是要尋求一群人的存在所需的平衡，尋求受過教育、訓練有素、以國家和社會福

祉為己任的人，尋求致力於確保國家正常運轉、做事周正的人。他們還沒有找到這種平衡，但這正是新的挑戰。

我的理解是，儒家在介入私人事務上的取態是相當溫和的。他們自視為傳統家族本位的守護者。那並不是源於孔子，比孔子還要久遠。在我們早些時候談到的宗教中，早在商代，你就可以看到對家庭、傳承、血統、祖先和家譜等等的強調。那時就已經有了這種概念。一千多年之後，孔子只不過再現了這一觀念，賦予它一種知識分子的風格和道德上的正當性，將之加諸每個受過教育的人身上，要求他們承擔起應有的社會和政治責任。

所以家（family）這個概念的根紮得很深，非常根深蒂固。儒家又強化了它，不僅沒有打壓它，實際上還給了它合法性和更清晰的定義，建立了天子（皇帝）體恤所有家庭及部族自主權的穩定關係，這些人又反過來服務於天子。孔子自己並沒有這樣明確地說出來，儘管他自己是這種傳統觀念的典範。他出來不是要掌管國家，而是要幫助國家更政通人和，幫助統治者更好地施政。他為自己找到這樣一個角色，他教誨了整整一代人要做同樣的事情——永遠不要掌權，而是要服務天子——「事君」。但他們失敗了，他們所有人都失敗了。

30

「事君」成功的反倒是法家，他們輔佐了中國第一個皇帝秦始皇（前259–前210）。他們說，你先要掌有權力，然後你才可能做些有益的事。沒有權力，一切都是空談。當然，戰國時代也證明了這一點。諸侯爭戰，儒家束手無策，他們到處碰壁。道家也是。所有這些思想都失敗了。其實我們真應該稱那些成功者為現實主義者，而不是法家。他們對法律不感興趣，他們只是想要權力。

他們明白，最終你需要徵稅和戍邊。這些才是第一位的，人必須生活。如果你沒有軍隊、沒有稅收來支付軍餉，那麼善待人民、施行仁政等等就無從談起。你連生存都會成問題！申不害（卒於前337）等早期各派學者對管理國家事務感興趣。在某種程度上，這就是我們今天所說的公共行政管理。申不害本質上並不是一個法家，他比法家出現得要早。有些人會認為像他這樣的人是縱橫家，也就是戰略家。他們做着和儒家同樣的事，但他們提出的不是如何做一個好的統治者、如何成功，或如何治理國家。他們提出的建言是如何徵稅、如何任用官員、如何招募人才，等等這些。這樣產生出來的人既有法家也有儒家。在那些儒家中也有最終視孔子為失敗者的人。他們感到有必要拿出不同的東西來。這些人中便有商鞅（前390–前338）、荀子（前312–前230）和韓非子（前280–223）。

31 韓非子是荀子的追隨者，一開始是個儒家。他認識到儒家思想是行不通的，像與申不害同樣出自法家傳統的商鞅那樣，韓非子認為他們需要一個能夠把他們團結在一起的領導者。各國的爭戰正搞得民不聊生——生靈塗炭、耕地荒廢、資源耗盡、國家貧困。他們必須聯合起來了。所以他們將精力集中在他們認為勝算最大的統治者身上，而這個人就是秦始皇的父親秦莊襄王。在80至100年的時間裏，幾位秦國統治者建立的軍隊最終贏得了勝利，不僅以軍事手段，而且通過官僚結構取勝。每下一城，他們就會擴展其官僚網，直至覆蓋整個帝國。在此過程中，他們也建立起最強大的軍事體系。

成功之後，秦軍仍繼續遠征，深入到了根本不屬於戰國諸侯的地區。他們將邊界延伸到高麗、蒙古、四川，進入到長江流域，直到華南地區。秦軍一直打到越南。那是因為他們已經有了一個很到位的軍事制度，已經所向無敵了。他們一路南下勢如破竹。這並非蓄意策劃出來的。驅使他們攻城掠地的並非帝國體制，他們太強大了，只是所向披靡罷了，像羅馬帝國一樣，某些方面也頗像大英帝國。所有帝國都有這種傾向。當你天下無敵的時候，你會得寸進尺，直到有人能擋住你。

在這件事上，秦朝之所以止步只是因為秦始皇駕崩了。隨後是一個混亂的時期，然後到漢高祖時

實際已經掌控了廣袤的領土。這時這個官僚體系已經建立起來了，那麼誰來操持它呢？起初他們只是任用貴族。這些貴族都是不同的學派教育出來的。不僅有儒家，也有道家、法家，有墨子的門徒、陰陽家——他們都有某種宗教背景。又過了五六十年，漢武帝（前156–前87）斷定對他最有用的是儒家。他作了這個決定，是他個人的決定。他對儒家董仲舒（前179–前104）非常欣賞，這你知道。他們一拍即合。

儒家的地位一直比較邊緣，一直在諫言，但得不到什麼重視，因為他們太理想主義、太講仁義道德了。但這些人在管理方面相當擅長。所以漢武帝把他們引入朝廷，基本上把朝政都託付給他們打理。

儒家的原則如下：絕不僭越權力，始終事君以忠，知書識禮，學以致用、學以致其道、盡己所能輔佐皇帝。這一切總體上都是非常客觀的，沒有摻雜既得利益——同時也是現世的。孔子確實說「未能事人，焉能事鬼？」——來世不是我們的事，「未知生，焉知死」。你看，為什麼要討論我們一無所知的事呢？實事求是，子不語怪力亂神。

他們非常現實，非常實際，非常務實，很願意與朝廷妥協。這一點非常重要。舉例來說，道家就不情願妥協。他們基本上意思是說權貴不可靠，「有不信焉」，這可能是對的。但儒家說，不管你

信任他們與否，你應該幫助他們，讓他們改進！你看，這是有區別的。他們殊途同歸，都想要和平與穩定——「和平」、「天下為公」以及「天下太平」——說的都是同一件事。但是為了達到這個目的，儒家認為你應該與統治者合作，實際上就是為統治者提供機制，使他們能夠更好地治國。所以當他們認識到法家治國的理念已被秦朝建立起來了，而漢朝已經別無選擇的時候，他們就乾脆保留了秦朝這一套現成的東西。基本上，漢朝一開始做的其實是要緩和局面：他們引入道家，以此削弱法家的角色。他們在立法上「約法省刑」，執法從寬。但這還不夠，最後還得有人打理朝政。你如何確保稅收？畢竟，國家的兩大功能是徵稅和戍邊。你如何確保這些事務能夠按部就班？舉例說，道家在這方面就太模糊和不切實際，難以提供答案。

黃　文官和武官的區別是否就是這時發展出來的？

王　我想在此之前就有了。文武之別在戰國時期就有——文官是天子周圍提供諮詢的策士，武官是帶兵打仗的。在這一語境中，「士」這個觀念非常有意思。「士」原本是用在武士身上的。但發展到了漢代，它用以形容政府機構中教育程度和智識較高的那部分人。「士」代表文臣，但這個字起源是軍事上的，就像「騎士」，甚至「士兵」一樣。「士」最初

是指任何能行使權力做事的人。文武之分一開始
不是那麼明確，但儒家對此越來越嚴格，因為他們
認為，為了真正免於被懷疑成覬覦權力，他們絕不
能擁有軍權。你看，如果你握有軍權，皇帝永遠
不會信任你，因為你永遠都可以用你的權力對付
他。要絕對確保皇帝信任你，你就必須顯示你沒
有權力！所以儒家思想觀念的基礎「儒」非常耐人
尋味。有人說「儒」的原意是「弱」。在某種程度
上，道家倒是贊同這種觀念。柔弱勝剛強嘛。

黃　「天下莫柔弱於水，而攻堅強者莫之能勝」……

王　是的，水這種元素。你打不過也擋不住，所以你
　　只能對它因勢利導，這是它的屬性使然。於是，
　　為了建立類似的聲譽，孔子的弟子們就對他的相
　　關論述加以闡釋，孟子尤其愈來愈強調這一點。
　　到了漢代，「孝」這個概念與「忠」的概念被聯繫到
　　一起。其實孔子從來沒有做這樣的聯繫。他確實
　　談到「孝」的重要性，但「忠」在當時另有涵義，它
　　的意思是對自己要誠實，忠於你所信仰的東西，
　　堅守你所信奉的理念、信條和學說。但在漢代，
　　部分地由董仲舒等侍奉漢武帝的人所為，對儒家
　　文本進行了重新詮釋。這時的需求是要讓這些人
　　更能取信於朝廷。於是「孝」和「忠」就變得不可分
　　割了。「孝」不再是一家之事；它成為教育孩子盡
　　「忠」、效忠國家的必要部分。

34

其論點就是，如果你不「孝」，怎麼能指望你「忠」呢？所以，你為父母是否盡孝，能很好地說明你是否願為你的統治者盡忠。所有這一切都來自孔子。

一方面，區分孔子及其嫡系弟子是非常重要的，另一方面，儒學作為一個思想體系是從孔子的原初思想中衍生而來的，它獨立於朝廷，具有其自身的衝力和動力。然後就有了作為國學的儒教（State Confucianism）。這三者其實是分開的。當然，儒教是另外兩者的衍生物。它提出的是非常集中和狹隘的一套理念，代表了朝廷有意扶持、認為最有用的那部分儒家思想。

但如果你過於深究孔子的學說，朝廷也不會容許。例如，統治者的完全自主權可能會受到挑戰。就像基督教新教徒說「我可以自己跟上帝對話」，儒家可以回到孔子，重新詮釋原典：「以我的理解，這才是孔子的意思，你作為君主這麼做不對。我有權利和義務告訴你，你錯了。」這就是儒學。不是孔子的「子曰」，而是儒學。

儒教與儒學在某種程度上有衝突，而且如果你想在朝廷做事，你就必須接受儒教作為國教的局限。不想進入朝廷的儒生就留在外面，但要接受這樣一個現實，即他們影響事件的能力會非常有限。很多官位不高的芝麻官其實就是這樣，畢生教教書、做些小差事。

這就是文人作為穩定的社會文化力量對中華文明非常重要的地方。在某種程度上說，朝廷還是信任他們的。他們手中無權，他們也絕不會組織起來對抗統治者。他們有很大程度的自主，因為皇帝不把他們當回事，只要皇帝有他的國學儒教為他服務，其他非國學的儒家可以愛說什麼就說什麼！

這是傳統的一部分。儒家可以把這種穩定性和文化團結的意識帶到全國，因為它們被到處傳播。在全國每一個鄉鎮，都有人在國家管控之外研究儒家經典。沒有人在乎他們這麼做，因為他們反正沒有權力，他們永遠不會組織起來反對朝廷。他們不像道教和佛教徒那樣有自己的神，所以組織不起來。

36

非國教的儒家學說中沒有神。他們唯一的神——他們的聖人——是孔子，他們的聖賢書教給他們永遠精忠為國。「苟利國家生死以，豈因禍福避趨之」！他們就是這麼做的。那是傳統。所以朝廷說了，好吧，我們實際上不必控制一切！他們知道，他們可以依靠各地的文人這個群體，為鄉鎮提供和平與穩定。這些人會身先士卒、以民為本，永遠不會教人民造反。相反，他們一直在教化人們如何盡忠、如何更好地服務社會。朝廷只要通過科舉制度招賢納士——這些人不一定是最傑出的人——使他們進入國家體制內服務，就可

以放手隨他們去做。所以儒家那些名士是國家體制的一部分。不過他們實際上並不是合作關係，他們更像是體制的中堅力量。朝廷可以信任他們，因為他們不會造反。

科舉制度是唐代 (618–907) 發明的，基本上是武則天 (625–705) 與士族鬥爭的產物。士族有實力，當中有些還有軍方背景，他們也受過良好的教育。為了制衡士族，武則天就通過科舉考試從受過教育的人中選拔人才。這些人才不必是儒家，也可以是佛教和道教徒，但都飽讀詩書。通過科舉來測試他們的寫作能力、思考能力、創造能力等等，然後從中選拔，把中選者作為國教儒學的人才派到公務部門任職，以此抵消士族的權力。士族同樣也不一定是儒家，他們可能佛、道、儒家兼有。但他們野心很大，武則天發現那個局面對她相當不利，因為她不是皇室，她是嫁入宮中的，因此被人猜疑。所以她要以科舉制度為手段建立一個新的制衡集團。

於是從科舉中逐漸湧現出進士。這些進士原本只是一個群體，但到唐朝末年，他們已躋身帝國的高位。到了宋代 (960–1279)，他們已經成了體制的核心，並自我複製。他們有意識地把國學儒教與儒學盡可能地緊密聯繫在一起，但同時他們也知道，秉持良知做事的人和服務於朝廷的人之間有一條無形的界線。既然這個界線不容易超越，

那麼就不要劃得太清晰，反正儒家也不奉行凡事搞得界線分明。就讓事情混為一談吧，反正可以選拔來選拔去。

就像在現代社會一樣，比如在美國，國家能夠從大學招收人才。大學提供儒生，當中願意為國家服務的人就像尊奉國學的文人。美國的每一個政府部門都充斥着博士，或至少是碩士。換句話說，他們已經通過了某些能使他們忠於職守的考核，他們永遠不會造國家的反。所有這些素質都與儒家無異。他們有同樣的功能，功成身退後，又回去治孔子之學，回到大學做社會科學研究，等等。他們永遠不會組織起來反對國家，他們永遠是為某一方效力。美國的情況是，有個兩黨制體系。你服務於這個黨或那個黨，但你始終忠於一方或另一方。

所以在某種程度上，歐亞大陸東西兩邊之間的差距實際上是在縮小，因為中國人也在開始適應現代制度。他們有這個根基，有現成的遺產。儒教和儒學都可以訴諸儒家經典。但總的來說，這些典籍是非常恰到好處的。它們內容廣博，並且可以有許多不同的解讀。這樣就足夠好了，實際上這樣是最好的教材。所有最好的教材都是些不致引起太大分歧的文本。所以當儒家攻擊儒教時，後者也用孔子之說來捍衛自己。兩者之間的關係有一種平衡，相互尊重，因為兩者都可以引用四書五經來反擊對方，就像歐洲人可以引用《聖經》

相互攻擊一樣，天主教徒和新教徒就是引用《聖經》針對彼此嘛。這種似曾相識之處耐人尋味。

黃　在我們這個時代，從其他邊緣生發出來的概念往往被忽視了，因為西方邊緣在認識論上佔如此主導的地位。

王　這一點是確定無疑的。250年來西方一直佔主導地位。如今中國的一些學者正在回歸自己的傳統，但他們是以全新的眼光看待舊的東西，因為他們經歷了馬克思列寧主義，他們讀了自由主義經典，讀了古希臘羅馬經典，但他們想回到儒家經典中去。有些人從二十世紀初開始就這樣做了，但這些人一直處於外圍，人數寥寥。然後他們捲入了民族主義與共產主義之間的政治鬥爭中，從未產生過任何真正的影響。這些人完全被忽視和無視了。但在鄧小平給毛澤東主義革命帶來了新的穩定、賦予其新的合法性之後，政體變得開放了一些，現在允許儒學再度復甦了。

做個類比，也許並不恰當，但我還是對儒教在歷史上如何倖免於佛教之劫這件事頗為着迷。佛教初到中國時影響甚微，只吸引了很少一部分人。但到了四世紀，法顯（337–422）這樣的信徒開始去印度取經，正如七世紀的玄奘（602–664）那樣，還有義淨（635–713）也是。所有這些高僧都去印度取經。在五、六世紀，無論是在突厥統治下的中國北部，還是在漢人佔據的華南地區，各諸侯國都

信奉佛教。南梁（502–557）的統治者實際上以為自己能在現世成佛。這與歷史上泰國、柬埔寨，或緬甸的國王的見識不相上下——成為現世佛。

在這一切中，儒家完全被邊緣化了。他們幾乎沒有了生存餘地，所以他們不得不妥協。你知道，他們所受的教育是要效忠國家。所以既然佛教被尊為國教，那就學佛教。他們繼續代表其儒家思想，並試圖將佛教與之結合，同時又不放棄他們的核心理念。他們覺得佛教不是很對，但是不知道如何壓倒它，因為統治者信佛。所以你必須讓自己顯得有用，讓信佛的統治者明白，他可以信仰其他任何東西，但在打理朝政和國家運作方面，你可以替他把事情辦了。統治者可能是佛教徒，但這並不妨礙你恪盡職守。無論如何，統治者無法信賴別人，因為其他人都不像儒家這樣以盡忠為原則。佛教徒可能也無意推翻皇帝，但他們提供不了服務，因為他們想要超度，進入涅槃的境界。儒家就會告訴皇帝，如果你想繼續坐擁天下，如果你想讓太子繼位，我們來幫助你。他們繼續讓自己有用，儘管得不到完全的信任。與此同時，統治者可以去念佛修廟，去操心來世和金剛不壞之身。儒家則操心現世，完成當下的工作。

我自己想問的問題其實是這樣的：儒家在漢唐之間這四百年（220–618）是如何生存下來的？像唐高祖（566–635）和唐太宗（598–649）這樣的大唐皇帝

所信奉的其實是道教和佛教，不是儒教。事實
上，他們當時是非常熱衷道教的，因為他們和老
子同姓李，所以自認為是老子後裔。這當然是可
笑的事，因為唐朝的皇帝實際上是突厥人出身，
是拓跋部的突厥人後裔。然而，他們聲稱與道教
有某種聯繫，因此非常接受道教的修行。事實
上，他們是佛道並舉的。如果你看宮廷裏的描
述，你會看到皇帝的身邊總是有道士、和尚陪伴
左右。總有迷信的法術大行其道，皇帝永遠在追
求長生不老。儒家則處於邊緣地位，提供經世治
國之用，負責到處徵稅、確保軍隊效忠。

佛教徒不知如何做到這些。他們可以向你傳授佛
法，但這可能使他們野心膨脹到要自封天子，這
是儒家從不染指的事情。幾乎從沒有頂尖的儒學
大師擔任朝中要職，除了北魏（386–534）的孝文帝
（467–499）時期之外。那麼這些人的腦子裏到底在
想什麼呢？他們肯定在對自己說，我們只管堅持
下去，表明我們是事君以忠的，我們不是奸臣。

莫言在2012年獲得諾貝爾文學獎時，體制外的文
人曾對他冷嘲熱諷。他們說，瑞典學院把獎頒給
體制內的作家莫言是出賣了諾貝爾文學獎。但
是，說真的，莫言代表着一種獨立而有創意的思
想，他是在不對抗國家的情況下做到這一點的。
他只說：為什麼我非得和世界上其他人站到一
起、要求釋放劉曉波（當時監禁中的2010年諾貝爾

和平獎得主）？我留在國內能做更多事情，這樣我的作品能讓更多讀者讀到。

莫言的作品非常有創造性，裏面其實充滿了非常令人驚嘆的想法。他覺得，「我在體制內寫作，盡我所能，促進人的思想開放、制度開放。但如果我以一個持不同政見者的身份去做，我只能被孤立起來，即使我不進監獄，我也邊緣化了」。所以這是一個二分法難題。明顯可以做一類比。

「中國人兼收並蓄」

黃　在今天的西方社會中，積極參與非政府組織（NGO）的人扮演着類似於我們這裏定義的儒家的角色，不是嗎？

王　他們是公民社會，是不願意沆瀣一氣的公共知識分子。願意與政府協同合作的人往往在大學裏，他們具有學術技能，但沒有政治野心。政府信任他們，而不是其他那些人——非政府組織和公民社會——儘管他們也是大學培養出來的！所以大學也扮演着培養儒生、培植儒教的角色呢！這種類比並非不着邊際。

當你想到，中國為什麼會被視為是對美國生活方式的重大威脅呢？中國其實可能在某些方面做得還要更好一些。中國在其他方面做得不是很好，

42

但它能做到比較穩定。不會出現美國「財政懸崖」那樣的東西，那就是兩極化的反映，政府被人從中作梗，完全陷入困境！現在，如果中國人能在管理國家方面做得再成功些，人們就會開始懷疑英美全球體系。

美國人確實感到一種改進了的替代性制度的威脅，這一制度實際上否定了西方所代表的一些最核心的理念。這是他們覺得不能接受的。但在努力建設穩定的和諧社會、想辦法做實事方面——稅收、國防這些國家本分方面——還有吸收西方最先進的科學技術知識方面，中國人學得很快。唯一令人躊躇的是政治理念。但其他方面他們都在向西方學習，學得非常非常快，包括文學和文化事務。毫不勉強，毫無障礙！中國人兼收並蓄！他們唯一不願接受的東西——也是西方緊追不捨要拿來對付他們的——是自由的理念。這確實是中國人最怕的，因為他們不知道如何控制它。如果他們知道該如何控制它，如果他們認為自由與控制可以並存，我想他們會接受這個理念的。事實上，我們所說的儒教集團其實還是比較自由的，它本來就是！

國家盯得緊的是另一個群體——儒家。儒家的最終文本仍未有定論，是儒家思想多些還是馬克思主義多些？可以肯定的是，馬克思只不過是現代西方的一個代表，代表的是現代世俗的西方，包括科學和技術。這是對馬克思簡而言之。

正如我所說的，歷史上與儒家有關的分類有三： 43
孔子及其弟子、儒學和儒教。現在還是一樣，這
一混合體還是在掙扎。你確實可以發現，一些儒
家學者借鑑的是馬克思主義文本，還有很多馬克
思主義理論家會引用幾句孔子的話。換句話說，
這裏有一種思想融合的嘗試，就像宋代試圖融合
佛教和儒家思想那樣。不過，我認為他們的思想
衝突已經減少了，現在應對的是些非常具體的事
情。與這些事情相對應的幾個關鍵詞是：自由、
法治，和個人主義。

言論自由和民主當然只是自由的延伸。中國人不
否定民主，但他們對此另有解讀。在西方，民主
的思想必須包括法治和自由。中國的民主思想則
是，只要我們是為了人民並得到人民的認同，這
就是民主！這就是為什麼中國人稱之為「民本」
——以民為本。連孔子也這麼說，孟子也是。如
果你為了人民，你就是為人民服務的！「為人民服
務」不是毛澤東發明的。這種說法早就有了，儘管
原話不是這樣。這說法明顯來自孟子說的「民為
貴，社稷次之，君為輕」。他總是說，統治者執政
的正當性最終取決於他是否得民心。如果人民不
接受他，就會推翻他，那就是他的天命終結之
時。當你用民主對此進行解讀時，中國人不會覺
得有太大的衝突。

黃　　這是執政「為」民，而不是執政「在」民。

王　不是在民，因為「執政在民」會帶來對法治和自由，還有個人價值的追問。中國人對個人的看法非常矛盾。孔子實際上對個人還是非常重視的，但他重視的是有善性良知、受過教育的個人，是高高在上的個人。換句話說，他重視的個人是士大夫，即紳士。老百姓則應該以家庭為單位組織起來，他們的孝，即對家庭價值的堅守，則比他們自己更重要。所以，在這個層面上，集體比個體更重要。士大夫憑着善性去服務社會，他是社會的一員，同時他還要盡孝，在家庭事務方面仍然屬於社群，其行為仍要接受集體的評判。但是，當他服務國家時，為了忠於職守，他必須具備儒家思想中的良知理念。為此，他必須從家庭中超脫出來，以避免裙帶關係。他不能偏幫自己的家人，因為這樣做就不是在幫助國家或皇帝。要對皇帝忠誠他還得做到其他一些事，包括要有良知。向皇帝進諫治國之策是由個人完成的，而不是由集體群策群力。

黃　那麼「禮」這個概念是怎麼來的？

王　「禮」是個絕妙的概念。在某種程度上說，它是中國的法治替代品。但它並非處處令人滿意，因為要想把它制度化是非常困難的，儀式方面除外。這就是為什麼「禮」在英文裏被譯成 ritual（儀式），這是非常錯誤、非常誤導的。但在行為舉止方面，它就是這樣制度化的。在所有這一切中，盡在不言的是一種是非意識。

黄 我發現「禮」和「仁」之間的關聯很重要，也很有
  意思。

王 你知道，「仁」是儒家的至高理想。它的意思真是 45
  難以言傳。它包括各種愛、關懷、悲憫、正義，
  和行為得當，不一而足。我無法找到一個可以一
  言以蔽之的詞來翻譯它。我一直沒提到「仁」，只
  因為我把它視為既定。「仁」是儒家思想的核心，
  而「禮」是對它的表達。除「禮」之外，還有什麼能
  表達得了「仁」呢？在某種程度上，「禮」是要將它
  制度化，儘管不是很嚴格。畢竟，文人士大夫的
  家庭還是被賦予了很大的自主權的。你在家可以
  有你的一家之「禮」，即「家法」。在朱熹(1130–
  1200)的思想中，「禮」被稱為「家法」。但「家」其
  實是又一種制度化的措施，它是以撮要的形式出
  現的，而撮要不是真正可定義的。但是你想要運
  用於操作，通過「法」或「禮」去表達。這樣一來，
  「法」與法家就有了千絲萬縷的關係。而儒家整體
  上迴避這一點，他們自己的說法就是「禮」。但無
  論他們怎麼想，「禮」仍然是一種「法」——它是西
  方法治思想的一個替代品。如果一個人完全按
  「禮」行事，那就不會有不公不義了。所以公義本
  身就是「禮」的表達。

  當然，由於沒有能夠以「法律」和「法院」的形式將
  「禮」制度化，「禮」在操作上力有不逮，這就是為
  什麼最終中國人也承認有些立法是必要的。儒家

體系的表層下面蘊含着法家思想，這一點是非常明顯的，因為儒家對它從不排斥。他們把法家思想理解為「禮」的一種極端表達形式。他們試圖做的是減輕法家思想的各種極端面，使它更容易被普通人接受，使它不那麼面目猙獰。只要情況允許，有些事大可以留給人們通過「家法」去解決。換句話說，他們對「禮」進行了去中心化。由家庭去確保自己的孩子行為得體。不去管別人的家務事，也不要把國法引入到家事裏來。儒家認為，一旦動用國法、對簿公堂等等，你就是在請君入甕。如此一來人們就不會再注重家法，轉而採取一種只要法不禁止他們就為所欲為的態度。

國家想要的是人們能夠在自己的單位守規矩，也就是讓國家可以不去染指。但這種想法現在當然已經行不通了。自十九世紀以來，已經沒有人知道該怎麼運作這個體系了。他們有司法和立法機關，但都運作得不大對勁，原因是他們的制度化進程比較崎嶇。這在中國是正在進行中的一場大拼搏。

黃　儒家的處事態度一代一代地傳承下來，不是嗎？

王　儒教是一種世俗宗教，有一套人們所信奉的世俗價值觀，不是基於邏輯，而是基於一個人成長於其中的信仰，基於與父母、兄弟姐妹、堂表親戚——整個人際網絡——的關係。

孔子與孟子一直強調，這是最自然的事情，之所以說是最自然的，是因為你確實是和你的父母、兄弟姐妹、祖父母、七姑八姨們一起生活。儒家的想法是，你如果搞好了家務事，整個社會就會走在正道上。如果所有家庭都把自己經營得好好的，國家何必還要插手呢？像收稅和戍邊這樣細碎的事情，是需要國家出面的，因為這些不是一個家庭可以做到的事。像托馬斯·霍布斯（Thomas Hobbes, 1588–1679）在他的經典著作《利維坦》（Leviathan）中說的，你向君主、國王交出了一些東西，你和他達成了一種交易。盧梭（Jean-Jacques Rousseau, 1712–1778）也說，你放棄某些事情，使國王能夠做某些事情，如收稅、捍衛帝國或文明等。其餘的事國王不該相擾，其餘的事要順其自然。

47

這套思路在很長一段時間裏都在中國行之有效。耶穌會士初到中國時曾對此相當着迷，這是令他們刮目相看的事情。他們把這一套帶回了歐洲，造成了相當大的影響，特別是在德國和法國。法國人取其一端，發展出一套相當不得了的中央官僚體系；而德國人則取其較為哲學的一面，嘗試從中得到倫理道德的真諦。

這時，天主教徒發現其中的官僚主義部分非常有意思。接下來幾個世紀裏，西方哲學家們——主

要是新教徒——受到人民自治於國家思想的啟
發，認識到國家和社會有不同的功能，可以保持
一種並非基於宗教或教會的關係。

黃 在中國的體制裏，當做事出了差錯的時候，庶民
與士大夫受到的懲罰有很大不同。羞恥心在此間
起了重要的作用。

王 那是儒家的一個貢獻。這使我想到，我們今天為
學術自由要進行多麼艱難的鬥爭。例如，設終身
教職的理由是什麼？其初衷是，有了終身教職，老
師就能夠傳授他認為應該傳授的知識，而不受國家
的約束。你所說的那種觀點也有類似之處。如果
士大夫能夠得到普通人所不享有的尊重對待，給予
他自主和足夠的鼓勵，他就能充分地獻計獻策。
最佳的建言來自於可以無拘無束地直言相諫的人。
因為，如果他不自由，他怎麼會對你有用呢？如果
你是皇上，是統治者，而他一直都在對你唯唯諾
諾、滿口只會「是，陛下」，那麼他對於你是毫無
用處的。只是奉旨行事，而這不是他應該做的。
你其實對他是委以顧問之託的。你信任他，你就
必須給他些防護性的擔保，這樣，當你不喜歡聽他
的逆耳之言時，你不會動輒砍下人家的腦袋，而前
現代社會的情形就是如此。或者就把人家炒掉了。

所以你應該說：「好了。很遺憾。我不喜歡你的建
議。算了」，然後把他打發了。但他還是在你左

右。只不過你沒有採納其個別的建議而已。這裏所涉及的尊重有點像終身教職，你不會因為有什麼閃失就被解僱。

唐宋時期就是如此，但到了明朝（1368–1644），你會發現，皇上往往因一言不合而龍顏大怒。當時的情況是，這個蒙元（1271–1368）之後明朝的體制，受到大陸體系的影響而起用太監，這是一個服務於皇帝私人而不是服務於國家的官僚群體。

好了，儒家服務於國家，皇帝只是國家的象徵。不是什麼個人的事。我不是為你個人服務的，我是在服務於君主制的機構。你在西方看到的也是一樣，那裏説的是忠於憲法。美國人效忠於總統，而不是效忠於奧巴馬！效忠的是總統這個職務。甚至連尼克松也説，他要捍衛的是總統這個職位。這也是儒家的思路，我們捍衛君主制，而不是君主個人。

當一個儒士做錯事時，他就辭官回家，或只是閉嘴了事。就好了！例如，在宋代，在改革派王安石（1021–1086）與反對他的保守派之間的鬥爭中，沒有人為此丟官，沒有人掉腦袋。他們或許會從一個特定職位上被排擠出去，但他們還可以換個位置繼續做事。他們是為原則而鬥爭！

這一點很重要。宋朝的統治者都無一例外地受過深厚的儒家教育。新儒學那時還是很新的，所有

49

統治者都或多或少地將之視為一套至高無上的理念。然而，到了明朝的時候，中國已歷經百餘年的蒙古人統治。蒙古人是非常不同的，他們忠於忽必烈可汗（1215–1294），而不是忠於體制。所以在他們的治下，士大夫一開始就全被趕出去了。沒有他們說話的份兒。蒙古人過了六十年時間才重設考試制度。他們不得不這麼做，到頭來，他們找不到可以信賴的人為他們做事！這就是為什麼他們又把儒家請回來了。

接着是明代（1368–1644）。開國皇帝朱元璋（1328–1398）來自非常不同的背景。他不屬於文人階層，其實他沒受過什麼教育。他是貧苦農民出身，在佛寺受過僧侶的教育。他學會了讀書寫字，加入了一個宗教反叛團體——這正是儒家所擔心的那種情況。他們的組織類似於今天的法輪功。所有這些農民的叛亂都有佛教和道教根基，朱元璋就來自這樣一個背景。但那時這些對於人們來說都是可以接受的，包括文人士大夫在內，因為他們想把當時日漸墮落的蒙古統治者趕下台。蒙古人的體制已嚴重腐敗了，所以文人階層一反常態，紛紛支持人們造反起事。朱元璋設法吸納了一些文人來跟他一致對外。

50　朱元璋做了皇帝，但根基並非儒家思想。他敬重儒生們對他的幫助，同時非常不信任他自己的人，這

些人是他的部下，像徐達這樣戰功卓著的軍事將領。他一概不信任他們，因為這些人就像朱元璋自己一樣，都有野心。所以他不得不對儒生委以重任。但他也會謹慎地從旁觀察這些人，因為儒生進入體制中，進入組織中，而他的麾下在文人階層中也有自己的朋友。這樣就發展出一種觀念，即統治者並不完全相信儒生。朱元璋不得不挑撥儒生鬥儒生。上台20年後，他拿文官武將中皆有廣泛人脈的胡惟庸開刀，清理門戶。就像毛澤東的搞法。事實上，他比毛澤東還更成功。毛澤東其實沒有成事；共產黨重新來過，鄧小平也東山再起。

朱元璋進行了一場血洗，對其高層部下大開殺戒。在餘生的最後幾年，仍舊留在他身邊的人已經寥寥可數，他還改換了整個制度。這是個大忙人啊！所以，任用文人而又不讓他們享有曾經享有過的尊重，這成為明朝傳統的一部分。

在某種程度上，這就像英國的體制，裏面也有些中國的理念的。公務員隊伍中的高層，就像儒家的文人階層，沒有政治野心，無意於加入執政黨，僅效忠於國家和國王，所以你才可以總是信賴他們。他們可能會和你爭吵，但他們永遠不會造你的反。但是，當你開始把高級公務員帶入政黨政治的圈內時，就像新加坡、美國，和澳大利亞有時出現的情況那樣，你就模糊了界線。在澳大利亞，開此先例的是總理惠特蘭（Gough

Whitlam, 1972–1975在任），此後有更多的領導人
步其後塵，也效仿他的做法。

51　　在中國的案例中，1380年胡惟庸被處死後發生的
事情也混淆了原來的界線，那些支持第二個皇帝與
皇叔作對的儒生們被視為政治主角。當這位皇
叔，即朱元璋之子勝出而成為永樂皇帝時，他就終
日由太監簇擁着自己。他信不過朝中的文臣，因
為他們支持過他的侄子。當時的情況簡而言之，
朱元璋沒有把皇位傳給他的兒子，而是傳給了孫
子，即他的長子的兒子。身在北京的叔叔不能接
受，於是起兵反叛。整個文人士大夫階層篤定「事
君以忠」，都站在年輕的建文帝一邊反對皇叔。所
以皇叔永樂是在沒有文臣支持的情況下上台稱帝
的。他基本上只有太監和軍隊撐腰，所以他起用
了一批年輕的進士。朝中的老臣子不會接受他，
因為他們是飽讀詩書的儒生，不把永樂帝看作名正
言順的皇帝。所以他試圖靠除掉他們中的一些人
來重振自己的合法地位，有個文官就被他株連九
族，滿門抄斬了。這種事不應該發生，但永樂帝
就這麼做了，將禮教的傳統破壞了。儘管儒家花
了很多功夫去補救，但還是不復從前了。一旦信
任不是百分之百的，那就再也不是那麼回事了。
儒家便總有可能會與另一方站到一起去。

無疑，永樂皇帝任用了新的一批儒士，但這些人
做事跟太監一樣。所以你在宮裏有這麼一批，在

宮外又是一批。所有人都不得不聽命於皇帝，他們相互制衡。

太監有時非常殘忍。每當有儒士惹皇帝不快，皇帝想打發掉他的時候，太監就會往死裏整他。太監有一套密探系統，一個專門的分支機構，他們還有自己的監獄系統。他們效忠於皇帝個人，而不是效忠於國家。這與理論上應當的情況是相反的，但在明朝的時候這種狀態已經非常明顯了。一批人忠於皇帝，另一批人硬着頭皮維持着儒家的道統。按說所有人必須以同樣方式盡忠於皇帝。如果不是的話，他就會發動一批人去鬥另一批人。

黃　在永樂以後，這套制度是否仍貫穿後來的整個明朝時期？

王　這套制度實際上反反覆覆，經歷了自我修正。儒士們與之抗衡但一直不力。所以很難說它是否堅持到底了。例如，張居正是非常能幹的文人，同時也有濃重的政治色彩。他招攬了不少太監到自己身邊，施展權術，成了最有實權的內閣首輔。但這樣一來，他也幫助破壞了這個制度。

我認為是到了滿清（1644–1911）時期，才開始出現了新局面。滿族人剛掌權時還沒有啟用太監。他們不需要太監。滿族人有自己一整套貴族制可資利用。他們的貴族制和他們的忠心都是基於別的東西，而不是漢人的那一套。他們宣誓效忠的對

象是草原和游牧制度。這是一種更為個人的忠誠。但是，一旦他們把自己的理念與中國的體系相結合，為了江山永續，所有滿族的貴族就都開始學起儒家經典來。此時，一代忠於明朝的文人階層已被入侵者殺戮，但現在給了他們一個為滿族人服務的機會。

53

滿族人很聰明。與蒙古人不同，他們很快就將考試制度重新搬出來用上了。千萬別忘了，他們玩這個遊戲可不是新手！他們是早期統治中國北方的女真人的後裔。他們對中國的這套制度已經很熟悉了。實際上他們在入侵之前就已經是半個漢人了，所以他們起用漢人來為他們做事，信任他們，至少是到了相當的程度。他們可以這樣做，因為有忠實的貴族站在他們一邊，可以保持平衡。他們沒必要用太監，他們所做的就是教育自己成為漢人的樣子。

其思路就是，一個滿族人受的儒家教育愈多，愈有理由在官位上壓漢族官員一頭。實際情形的確也是這麼回事。他們創造了費正清（John Fairbank）所謂的「二元共治體制」（dyarchy），也就是高位上有一滿一漢兩個人。[6] 漢人可能是那個幹實事的，滿人則是那個發號施令的。無論情況到底怎樣，都是那個滿人居於優先地位，因為他與皇帝的溝通管道是不同的。

今天我們在中國看到什麼？其實也是一個類似的體系！每個省都有省委書記和省長兩個人管事。當然了，這兩個人都是黨員，要是在清朝，他們應該是兩位儒士。他們身居其位就不得不與滿人及漢人都要打交道。那時候是個雙語國家。我們現在把這一點忘記了。即使是中國人也忘記了，當時高層用的是雙語。雖然在底層社會一切都用漢語完成，但一到高位上，凡事就都用滿漢雙語了。所以，舉個例子，你要去軍機處，那是個像軍事委員會一樣的部門——中國古代沒有內閣的概念——軍機處又像美國國家安全委員會，由皇帝指定的一些貴族和官僚組成。在那裏，文書資料都是滿漢雙語的。他們可以用任何一種語言進行討論，但形成文字時都以雙語記錄。現在我們正待把所有這些資料找到，把它們歸檔。清政府垮台後，這些文件曾被忽視，因為它們都被帶到日本扶持的滿洲國去了。中國人就把它們拋到了腦後。

54

現在學者們回過頭來查閱這些資料。十九世紀時確曾有外國學者對之進行過研究。當時的德國和法國學者能讀滿文，因為他們想要了解高層權力的運作，就不得不懂滿文。但是在1912年以後，中國人就把滿文全丟棄了——反正連滿族人也在丟掉自己的語言。如今為了閱讀檔案，人們正在重新學習滿文，於是你就會發現，漢文和滿文在上流官場是並行的文字。朝中的重大決策都是用

兩種語言記錄下來的，有趣的是，兩種語言所錄
的內容彼此會有出入。滿文的記錄總有些額外的
東西，那是專給滿人看的。很有意思。而在下層
就不是這樣，底層社會凡事都用漢語。

所以這裏我們談到的是一種雙軌制。某種程度上
說，早在很久以前，中國人就有點類似雙軌制的
東西了：一人受命管轄一個省，也就是總督，然
後還有一個朝廷委派的御史去巡視監察，直接向
皇帝稟報。總督所要通報的對象是中央管理文職
的機關「吏部」，而御史是直接上達天聽的。那
麼，為什麼大多數中國文人到最後階段都很容易
起而反清？那是因為慈禧太后（1835–1908）愈來愈
向滿族的貴族靠攏。她不信任漢人。於是他們
說：「得，這個體制算是要完。」轉而去支持革命。

黃　　康有為（1858–1927）最後還是站出來想致力於變
　　　法的。

55　王　　某種程度上是。但他搞砸了，因為慈禧太后一直
　　　不能原諒漢人嘗試的「百日維新」。[7]「他們毀了大
　　　清！他們信不得！」她不太聰明，她很守舊，很注
　　　重於維持滿族的特權。那是她的遺產，你知道，
　　　她目光短淺。那你到底要挽救大清還是要挽救中
　　　國？這是問題所在。

　　　孫中山（1866–1925）某種程度上代表了新的力量，
　　　而滿族人的反應更強化了孫中山帶來的信息，即

不能再對滿族統治者聽之任之了。[8]如果最後一個皇室是漢人，他們可能也會做出日本人做的那種事。可那是滿人啊，那就根本不可能了！誰來取而代之？誰來替代滿族統治者？誰有權自命天子？除了宣告成立共和國別無選擇。

註釋

1　中亞政治史方面的速成讀本，參見Peter B. Golden, *Central Asia in World History* (New York: Oxford University Press, 2011)。

2　Owen Lattimore, *Inner Asian Frontiers of China* (New York: Capitol Pub. Co., 1951).

3　羅伯特‧克萊夫 (Robert Clive, 1725–1774)，人稱「印度的克萊夫」，為樹立英國東印度公司在印度孟加拉的政治和軍事至上地位立下汗馬功勞。沃倫‧黑斯廷斯 (1732–1818) 是印度孟加拉的第一任總督 (1772–1785在任)。這兩個人在創建英屬印度方面共同發揮了關鍵作用。

4　Thomas Cahill, *How the Irish Saved Civilization: The Untold Story of Ireland's Heroic Role from the Fall of Rome to the Rise of Medieval Europe* (New York: Rosetta, 2004).

5　Anthony C. Yu, *State and Religion in China: Historical and Textual Perspectives* (Chicago: Open Court, 2006).

6　John King Fairbank, "The Manchu-Chinese Dyarchy in the 1840's and '50's," *Far Eastern Quarterly* vol. 12, no. 3 (1953): 265–278.

56

7　這一對王朝統治進行改良的徒勞的最後嘗試得到了皇帝的默許，從1898年6月11日持續到9月21日。

8　孫中山被公認為「中華民國之父」。

第二章

兩洋地中海

處於外圍的東南亞

黃　我們來談談東南亞現象。該地區興起的現代國家　
　　在一定程度上可說是一種防禦戰略，被該地區人
　　民當作後殖民地的權變機制繼承了下來。成立於
　　1967年的東盟（ASEAN，全稱為東南亞國家聯盟
　　[The Association of Southeast Asian Nations]），可以
　　被理解為朝此方向進行的集體努力。另外，您曾
　　將地中海和島嶼遍佈的東南亞做過一些對照。[1]可
　　以沿這個方向繼續我們的討論嗎？

王　必須承認，在很長的一個歷史時期內，東南亞一
　　直處於世界歷史主要行動的外圍。原因之一是，
　　那些主要行動基本上發生在大陸國家之間，是地
　　權之爭。

　　到底在何種程度上地中海那些獨具的特點使之成
　　為文明的發祥地，這一點是有爭議的。埃及文明
　　或巴比倫文明實際上並不取決於地中海。他們是　
　　河流文明，尼羅河以及底格里斯－幼發拉底河這兩
　　大河流系統中出現的城市形態並非與地中海有很
　　直接的關係，儘管他們——特別是埃及人——後

來對地中海地區的發展產生過影響。對人民、經濟、最終對國家有決定意義的整個戰爭，主要是在土地上進行的，除了地中海以外。

地中海的故事很吸引我，因為那是古時候唯一發生海戰的地方。其他地方的戰爭都是在陸地上進行的。印度洋幾乎沒有發生過海戰。沒有海軍作戰，至少沒有這樣的紀錄。而中國那邊也很少這種事；只是在日本和朝鮮沿海出現過零星的衝突，都相當微不足道。唯一真正的水上戰爭就是在地中海，對此我有特殊的共鳴，因為現代文明的創建的確是來自於這樣一個事實，即水土條件因特定的政治管治而結合。真正的陸戰——歐亞大陸上的陸戰——是自己發展開來。它有一個游牧基地，遊牧文化數千年來依然佔主導地位，因為該地的地理條件並不利於別的文化。自始至終，它保持遊牧文化、流動性和活力，其民眾對附近所有的定居社區構成威脅。定居的民族建起城鎮，他們的勢力大抵上是在陸地上的，除了地中海周邊地區。那兒的人必須有船才行，所以有腓尼基人和希臘人的海上爭鬥。

歷史上決定性的戰爭之一就是希臘在地中海打敗了波斯艦隊。[2] 據我所知，這是迄今為止第一次也是真正重大的一次海戰。我沒見過比這更早的記載。

黃　　您會把北歐文化歸類為歐亞文化的一部分嗎？　　　　59

王　　斯堪的納維亞人差不多跟中國及東南亞人一樣處在
　　　邊緣。在最早的文明、國家，或游牧部落聯盟
　　　中，他們都不屬於主要的權力基地。這些都是以
　　　大陸為基礎的，當他們擴張時，他們總是在陸地上
　　　擴張。他們無一真正往海上擴張。第一個破例的
　　　是希臘人，然後是羅馬人。你看，即使是埃及人也
　　　沒有這樣做。所有進攻埃及的人都來自地上。從
　　　底格里斯–幼發拉底河或敘利亞地區來的人都是經
　　　由巴勒斯坦地區。這是進入埃及的入口，那基本
　　　上是兵家必爭之地，他們今天仍在爭這個地方。

　　　河流文明發展出了我們所知道的城市生活。他們
　　　還發展出志在攻城掠地的強大陸軍。希臘人也發
　　　展了城市文明，但他們土地有限，財力上也不足
　　　以支持擴張，只有馬其頓國王亞歷山大時期（前
　　　356–前323）是個例外。馬其頓人帶領陸上的其他
　　　希臘人建起一個帝國。他們一路征戰到阿富汗邊
　　　界、印度邊界。那真是驚人之舉。那個時期的希
　　　臘人無疑被吸引到了大陸的博弈中。

黃　　這讓我想起最近讀到的一本書，有關拜占庭帝國
　　　的歷史。[3]我們今天傾向於把「希臘」和「羅馬」這
　　　兩個詞放在一起，但在西羅馬帝國滅亡後仍存在
　　　了數百年的東羅馬帝國更準確地描述是「希臘」，
　　　而不是「羅馬」。

王　是的，沒錯。「希臘－羅馬」這個提法是一種平衡。
　　我們通常說到古希臘人的時候是說雅典希臘人，
　　但那種現象實際上已經消失了。[4]從希臘化時代的
　　亞歷山大帝國產生出拜占庭帝國，從拜占庭帝國
　　又在位於地中海沿岸的埃及產生了希臘帝國。經
　　由陸路去到印度的馬其頓人並非原本的希臘人，
　　即我們與蘇格拉底、柏拉圖、亞里士多德、雅
　　典、伯里克利斯、伯羅奔尼撒戰爭等等聯繫起來
　　的那些人。

　　古希臘世界被拉回到大陸制度。你看，當西歐人
　　討論古希臘羅馬人時，他們指的是地中海地區的
　　希臘人和羅馬人，而不是拜占庭人。拜占庭人是
　　另一路希臘人。他們被視為東方，與西方相對。
　　俄羅斯人和所有東正教基督徒都被視為東方。

黃　是的。人們多少有點忽視了拜占庭文化以及它所
　　產生過的相當大的影響。

王　是的，因為我們的觀點被文藝復興以降變得重要
　　起來的神聖羅馬帝國左右了。當時的情況是，西
　　歐逐步嫻熟地把握住了海陸的平衡，並把東西從
　　海上運出去，就是這樣！而這最終導致葡萄牙
　　人、荷蘭人和英國人佔據了優勢。所有這些國家
　　都在大西洋沿岸。

　　地中海的動力轉向了大西洋。這一調轉與大陸史
　　形成針鋒相對之勢。在某種意義上說，英國是個

範例，當他們說「霧鎖海峽，斬斷了大陸」時，你
意識到裏面表達了某種心態。被斬斷的是大陸，
而不是英國。

那就是現代世界的基礎。海上勢力的全球擴張可
能是英國的視角，但它的確是從葡萄牙人、西班
牙人和荷蘭人開始的。不過，這些人沒能像十八
世紀末的英國那樣形成氣候，沒能像英國那樣打
垮所有海上對手，特別是在印度洋打得法國人潰
不成軍，為自己的全面主導地位清除了障礙。[5]他
們採取了一種完全不同於大陸系統的選擇。我稱
之為地中海系統，因為它所涉及的是古希臘–羅馬
遺產。古希臘–羅馬不把東方放在眼裏，它本身意
味着雅典民主、羅馬帝國、大英帝國。一種血脈
傳承得以激發。着重點是古希臘和羅馬的海軍帝
國，即大英帝國的基礎所在。

黃　如此說來，英國人是自視為古代抵抗大陸力量的
　　繼承者了。

王　哦，是的！看看十九世紀英國精英受教育的方
　　式。在拉格比（Rugby）、馬爾堡（Marlborough），
　　伊頓（Eton）、哈羅（Harrow）等地，他們就是這樣
　　研究古希臘–羅馬史的。但拜占庭史從來就沒有收
　　進來。他們可能會對亞歷山大有興趣，因為亞歷
　　山大的故事為英屬印度提供了正當性。無論如
　　何，亞歷山大都是個當之無愧的英雄人物。他們

61

真正認同的古希臘－羅馬傳統是地中海傳統。那麼，他們的基督教當然就是地中海基督教。當然還有其他基督徒，埃塞俄比亞的基督徒、聶斯脫利派的基督徒等等。但他們將自身與之聯繫起來的是羅馬帝國的基督教。所以我們要談論的是猶太－基督教徒和羅馬基督徒，而不是希臘基督徒。希臘基督徒在另一邊，在大陸那一邊。你從中可以看到偏見。這一傳承將整個地中海世界結合在一起，大陸和海洋力量之間的平衡在其間第一次得到理解。

62　　斯堪的納維亞人是很晚以後才來的。他們有個海上的着眼點，但他們沒有文明來支持它。日耳曼－維京人傳統由荷蘭人和英國人繼承了下來。正是他們設法將其與他們的國家及文明聯繫起來。

如果在這一語境下來看的話，東南亞是大陸動力的外圍。所以它享受了一段相對寧靜和平的時期。南島語族——也有人稱之為馬來－波利尼西亞語族（Malayo-Polynesians）——就因無人干涉，在南部活得自由自在。

在北部，隨着中國人向南推進，各部族從雲南和廣西遷移到東南亞，與孟－高棉語族及南亞語系的人混雜在一起。越南人、高棉人、孟人，都相互混雜在一起了。不過他們要更具大陸屬性，因為他們在抵抗的是大陸的勢力。有趣的是，他們都沒有發展出海軍傳統。

你可以再次看到,即使在東南亞,通過海洋彰顯權力的想法也從沒有發展出來。東南亞一直沒有成為強國的基礎,或許除了爪哇以外。即使爪哇在早期階段也不夠強大。其他各馬來群島的民族都沒在海上形成氣候。爪哇是唯一例外,因為他們深諳偉大的印度政治傳統,不過這一點也是有爭議的。梵語文化裏的君王與神性觀念賦予了他們一種比流域小國更輝煌的意識,這是一種以更高的超越性力量為名的統治意識。

黃　或許像泰國人一樣。

王　是的,是的,但是,說到泰國人,不要忘記,他們其實是後來者。泰國人和緬甸人都來自雲南,最初其實是孟–高棉人(Mon-Khmers),後來他們在緬甸和湄南河谷(Menam Valley)分別被緬甸人和泰國人完全征服,只在今天的柬埔寨這個地方生存了下來。不過只有高棉人倖存了下來,孟人已經基本滅跡了。你看看高棉人在越南人和泰國人兩面夾擊下活得多麼艱難,直到今天也是如此!

如果你讀西哈努克親王的作品,就會發現裏面有對吳哥的痴迷。畢竟,吳哥被泰國人攻陷。[6]來自泰國人和越南人的威脅持續至今!這就是為什麼高棉人在某種程度上對法國人心懷感念,因為到最後一刻,當他們就要像孟人一樣被泰國人或越南人消滅或內部分裂時,法國人插手承認了柬埔寨王國。這就是為什麼西哈努克總有一種他們實

際是被法國人拯救了的想法。高棉人正在衰亡，現在他們試圖重寫從吳哥到西哈努克時代這段歷史。但其中很多只是一種防守性實踐。

與此同時，越南人也執迷於與中國的纏鬥，所以並沒有盡其所能更快更遠地推進。泰國人與緬甸人之間有矛盾，也因此而分散了精力。否則他們可能已經把高棉人給收拾乾淨了。泰國人一開始就表現得更進取，搶先一步並來勢洶洶。越南人被高棉人擋住，被困了很長時間。地理環境也與他們作對。他們在山的另一邊，而泰國人直接順河而下。

64　如果你今天看湄公河，在柬埔寨邊界以北，那兒有老撾人。老撾人和泰國人如今是同一群人。他們來了，正處於進駐的邊緣，他們已經遍佈原來高棉人的地方。這就是為什麼柬埔寨和泰國至今仍在爭論邊界柏威夏寺（Preah Vihear Temple）的歸屬問題。那是被泰國人霸佔的高棉建築。其實很多泰國寺廟最初都是孟–高棉寺廟。

黃　所以柏威夏寺問題就被法國殖民主義凍結起來了。

王　是的，沒錯。法國人在老撾和泰國之間劃下了的現在的邊界。在那之前沒有邊界的，那裏的人都屬於相關的泰國部族，有各自的小頭目。但法國人想要控制湄公河，以便獲得進入中國的另一條路線。當時他們已經有一條從越南進入中國的陸

路通道，再拿下湄公河這一條，對他們而言會更添優勢。在此過程中，法國人就想劃定一條邊界。他們和泰國為此討論了很長時間，於是就有了如今老撾和泰國以湄公河本身為界。但令我感到回味無窮的是──以前並沒有在我的腦海中閃過──大多數所謂的老撾人實際上是在泰國。他們是在湄公河的西邊。但由於法國人不顧泰國人的抗議，將邊界劃在了湄公河上，所以大多數老撾人被劃進了泰國。

黃　那麼老撾這個國家其實是處在老撾民族的邊緣的？

王　老撾位於河東，實際上人口稀少。在泰國人與越南人之間是綿延的山脈，由不同的小部落佔據着。他們高居於山頂，將越南人的空間與泰/老的空間分開。住在高棉人東邊的是占婆人。占婆人很值得回味，屬沿海的南島語族。他們本來可以成為海軍力量，他們實際上其實有些海軍力量，像馬來人一樣。但他們背後沒有強大的國家，所以沒有發展出偉大的海軍。但作為漁民，他們天生水性好。當你看東南亞的這一塊時，其北部是被吸收到陸上的大陸體系的，這使得群島這部分更加邊緣。

65

所以這裏從來不是一個單一的區域。北部區域的正中間有個歷史的切割，如果不算是地理切割的

話。過去幾十年來，我們一直在努力給東南亞一個區域感，因為傳統裏沒有，他們從來沒有以這樣的方式想過。馬來世界是一個非常幸運的世界，他們得以聽之任之，自由自在。大陸那邊不來打擾他們，因為他們是屬於海洋的！孟－高棉人及占婆人就沒這麼幸運了。

第一個向東南亞大幅伸展的大陸勢力是泰國人！當他們開始向半島南下時，他們確實有一個海軍。毫無疑問，與爪哇海軍力量狹路相逢的正是泰國海軍。室利佛逝－滿者伯夷王國（Srivijaya-Majapahit）確實曾遭遇了泰國的海軍力量。

在抵達湄南河谷後，泰國人吸收了一些孟－高棉人的技術。孟－高棉人可能有些船隻，泰國人就在此基礎上繼續建造。在南下馬來半島時，他們發現需要海軍運輸，或至少是轉運。所以他們建造的船隻開始變得足夠強大，國力這時也更強大了。它擁有建設海軍所需的資源和政治、行政及組織結構，而孟－高棉人對此就似乎並不那麼熱衷。

所以泰國人一路挺進，到了對馬六甲構成威脅的地步。馬來人於是向中國人求援。從這方面來說，鄭和將軍為馬六甲的興起做出了貢獻。鄭和本身是個穆斯林，同情新政體，這一點也起到積極作用。當時馬六甲地區已經到處是穆斯林了，阿拉伯人、波斯人、印度穆斯林、爪哇穆斯林及

中國穆斯林都去爪哇做生意。最近發現的運寶船　66
表明，阿拉伯人當時非常活躍，但主要是商人，
因此還是處於該區域政治的外圍。

我們可以看到，鄭和支持馬六甲從泰國手上獨立
出來，這樣他才好把它作為往印度洋航行的基
地，就像今天的新加坡和檳榔嶼之於西行的旅者
一樣。以當時的情況來說，他選擇了海峽中間的
馬六甲而不是海峽的兩端，這給了這個城市一個
絕妙的發展機會。所以當你這樣看的時候，鄭和
的航行又是大陸力量的投影。這也有助於解釋為
什麼他的航行那麼短暫。

最終，大陸的牽扯還是太大了，明朝沒有再進一
步向外推進。泰國也是一樣，也是沒太執着於
此。他們確實拿下了帕塔尼（Pattani）、吉蘭丹
（Kelantan）和丁加奴（Trengganu），這是毫無疑問
的，這些地方不得不向泰國進貢，主要是因為泰
國有些海軍力量。

另一方面，緬甸人從未發展出海軍力量，據我所
知。沒有任何有關緬甸海軍的記錄。在陸地上，
他們肯定是強大的。他們無疑打敗了泰國人，佔
領了孟人的所有地區。這是大陸系統往馬來半島
的各種延伸⋯⋯

黃　　⋯⋯一直打到海邊，不得不停止下來。

王　是的，像中國人那樣，打到海邊，不想再往下
　　走。所以馬來世界是非常幸運的，無人相擾，任
　　由他們自行其是。所以他們也就沒有發展出偉大
　　的城市文明，除了在印度影響下的爪哇，那裏有
　　婆羅浮屠（Borobudur）及其他王國。

黃　即使在那裏，大陸性的印度文化也會對他們有些
　　影響。

王　是有一些。印度人也止步了。他們也同樣對海洋
　　不太感興趣。你看，只有泰米爾族中的朱羅王朝
　　（Cholas，約300–1279）做到了。他們一度曾擁有
　　一個海軍帝國，但最後他們發現，真正的敵人在
　　陸地上。在海上他們沒有敵人。他們表現出與中
　　國人相同的想法——他們派遣艦隊出海，但沒有
　　發現任何敵人，於是決定撤回去。

　　朱羅王朝擁有海軍。他們可能擊敗了室利佛逝
　　人，並且打到了馬來半島的吉打（Kedah）和馬六甲
　　海峽。[7]他們可能還控制了孟加拉海岸的一部分，
　　但不久之後，他們看到沒有什麼可擔心的，沒有
　　必要壯大海軍系統。馬來人一如既往地願意與任
　　何人做買賣。所以這種關係的性質基本是商貿性
　　的，和平的，沒有必要動武。

　　對於朱羅王朝及後來的維查耶那加爾帝國
　　（Vijayanagar, 1336–1646）來説，他們的主要敵人都
　　來自陸地。北方的莫臥兒人是一股大陸力量，這

67

毫無疑問。他們在佔領了印度的大部分地區並進入孟加拉之後，幾乎打到了印度最南部的泰米爾納德邦（Tamil Nadu）。

莫臥爾人對自己的戰功洋洋自得，從未想過要打到海上去。他們建造了美麗的泰姬陵以及印度所有偉大的城市，與印度教徒合作，某種程度上已相當融合，建立了良好的合作關係，而印度教徒則向莫臥兒帝國（1526–1857）進貢並承認其地位。所以莫臥兒帝國實際上統治的並不是所謂的莫臥兒帝國。他們有點去中心化了，這些印度統治者成了他們的代理人。

印度土邦主們無疑窩裏鬥了很多次，但最終沒有一場戰鬥是變革性的。他們基本上在莫臥兒實際控制區和印度統治者的實際控制區之間相持不下，然後在其中一方向另一方進貢求和時得以喘息。這仍然是大陸力量。在這種情況下，帶來重大變革性影響的是歐洲人的到來。據說歐洲人實際上直到十八世紀末才開始施加他們的制度。這確實有道理。基本上，葡萄牙人、西班牙人，和荷蘭人整體上只是接納當地人，只是想要融入於其中。不過，他們所產生的影響是逐漸帶給該地區不同的世界觀，包括海軍力量在內的世界觀。還有貿易不僅是貿易，貿易成了武裝貿易。我們現在有槍，船上有槍！

68

據我所知，葡萄牙的軍艦和西班牙大帆船上備槍
的做法在東南亞聞所未聞。有船員配有武器，但
不是固定在船上的槍支，大砲擰到甲板上。這是
一個決定性的創新。這種裝備在波斯灣和印度洋
分別打敗過阿拉伯人和波斯人。它所向披靡。中
國人沒有海軍可言，東南亞的大陸國家也都沒
有。所以歐洲人是在對付完全不是對手的馬來
人。我們知道，葡萄牙人不費吹灰之力就拿下了
馬六甲。馬六甲毫無疑問有大砲，但不是在船上。

葡萄牙人的工程技能迅速得到廣泛認可。所有的
統治者都意識到需要僱用他們來建造大砲。葡萄牙
大砲性能優越，可以安全地在船上使用。就連中國
人也曾在明末僱用過他們。所以葡萄牙人實際上有
專業製造槍砲的一技之長。他們或許是乘着葡萄牙
的船出海的，但實際上他們為很多人提供過服務，
為緬甸國王、泰國國王、越南人、中國人⋯⋯

69 黃　但是他們沒有像後來的英國人那樣受到自己國家
政權的支持。

王　對。他們是私營公司。葡萄牙國家沒有嚴格控制
他們。葡萄牙國王和葡萄牙的大商人頂多資助一
條船出海，並招募些船員。誰會願意出海呢？這
可是非常冒險的航程，這一去就是三五年回不來
啊。那些敢去闖蕩的人都是冒險家類型的，他們
並不都是葡萄牙人。有法國人、意大利人，還有

很多荷蘭人和英國人。那些懂航海而又無懼出海的人就到里斯本報名，然後揚帆啟航。你可以看到這些早期的記錄。

這是荷蘭人和英國人早在他們的東印度公司成立之前就知道的。這些公司之所以形成，部分原因可能就是有這些曾和葡萄牙人一起出過海的人，他們回來後告訴同胞外面的情況。所以他們說，我們為什麼要把錢全給葡萄牙人去賺呢？我們可以自己去嘛。那真是個轉折點。

說到底，哥倫布是誰？是意大利人！當時民族國家的想法並不存在。他們沒有國家，他們只是一群有着共同宗教信仰的人——他們都是天主教徒。語言上他們講一種西班牙–葡萄牙混合語，與意大利語沒有太大的區別。即使是荷蘭人也能聽懂，英國人也可以學。畢竟，他們都在一個神聖羅馬帝國的皇帝統治下，皇帝有時是西班牙人，有時是法國人，有時則是德國人。

黃　最近我讀了一本關於白人奴隸制的書，關於北非國家如何捕獲成千上萬的歐洲人作奴隸，給他們建宮殿。[8]

王　是的，這就是為什麼英國在伊比利亞半島的海外　　70
　　領地直布羅陀 (Gibraltar) 如此重要。在葡萄牙人的幫助下，英國人很早就到了那裏。但你知道，這又是說來話長！地中海對於現代歷史就是如此至

關重要。阿拉伯世界征服了南部海岸,基督教世界則逡巡在北邊。這條分野至今差不多還是一樣的。這本身就非常值得注意。

當阿拉伯人佔據了地中海南部時,你可以看到它有多重要。它改變了整個模式,因為截至那時,羅馬帝國控制了兩邊,或者至少試圖控制兩邊。但是當阿拉伯人控制整個南部的延伸區域並進入伊比利亞半島時,他們迫使基督徒在北方聚集在一起。最後,西班牙人和葡萄牙人成功地把他們打了回去,但整個過程花了數百年,從八世紀到十五世紀。在此期間,這條分界定型下來。現在成了一條絕對的路線。

十字軍東征是基督徒反攻失敗的一個很生動的例子。他們並非敗在阿拉伯人手上,阿拉伯人真的不是那麼強大。他們不得不面對的是來自大陸腹地最深處的土耳其人。這裏,我們再次看到海陸力量不相上下地匯合在一起。一股陸地力量支持地中海南部,其他勢力都支持另一方,包括日耳曼人、斯拉夫人、法國人、拉丁平原的人、伊比利亞人、盎格魯–撒克遜人。這一陣線隨着每一次十字軍東征而越來越堅固。征程有進有退,進進退退,而陣線變得愈來愈堅固。

這個過程延伸到十九世紀,伴隨着希臘從奧斯曼帝國獨立出來,並進入我們的時代。奧斯曼帝國

本身從東部延伸到地中海北部，進入亞得里亞海，以及後來成為南斯拉夫的地方。

黃　所以，從幾個世紀的衝突背景下看，如今讓土耳其加入到歐盟中來，這對於許多人來說是想像中的一個飛躍。

王　這可能是留下了相當的創傷的。第一次去慕尼黑和維也納這樣的地方時，我非常驚訝地發現他們仍然對維也納城門等舊事耿耿於懷，說就是在這地方，蒙古人和土耳其人相繼被擊退。

黃　我的一些南斯拉夫和匈牙利的朋友會自豪地稱他們的祖先為歐洲的守門員。

王　也是天主教世界的守門員。東正教世界失敗了，捍衛了基督教的是天主教世界。希臘倒了，南斯拉夫倒了。如今的俄羅斯大部分來自韃靼人、蒙古人，以及奧斯曼帝國。所以最後堅持到底的是羅馬人。那就是西歐出現的地方。這一整套概念是在1453年的君士坦丁堡陷落之後才出現的。之後出現了文藝復興，隨之是宗教改革（1517–1648）。

那麼，所有這一切是要說明什麼呢？那就是西方世界在重新定義自己！對於西方世界來說，東部邊界是中歐，而不是中亞。一邊是失去的歐洲，另一邊是被天主教保護並獲得拯救的歐洲。後者結合了大陸和海洋勢力，在這裏你看到地中海決絕的分裂是多麼具有決定性。奧斯曼帝國佔據了

地中海的另一邊，並將歐洲與亞洲完全隔離開來。蒙古人曾開始這樣做了，但奧斯曼帝國封鎖了它，於是就把歐洲完全切斷了。

威尼斯人竭盡全力要打破這一封鎖，但他們所能做的只是貿易、和平、友善、斡旋等等，並與穆斯林世界做生意。這就是為什麼歐洲人對威尼斯人有懷疑，因為他們不是百分之百的親歐洲。他們在邊界上，在前沿上。但到最後，事實是財富蘊藏在亞洲。他們知道這一點。阿拉伯世界的富庶是顯而易見的，香料貿易對歐洲來說如此重要，還有與印度的貿易，紡織品和黃金等等。歐洲人被剝奪了。

所以，你會怎麼做？出海啊！你看到了，葡萄牙人於是去探索非洲海岸，那地方在此之前一直被完全忽視了。撒哈拉以南的非洲地區被完全忽視，被認為是一個不可救藥的地方，野蠻、熱帶、到處是疾病，又被撒哈拉沙漠隔絕。連阿拉伯世界也無法從陸地上長驅直入。基督教世界則不得不從海上過去，唯一可以揚帆而來的是葡萄牙人，他們生活在大陸西南邊緣，所以正是他們成功地突圍出來。

黃　在這場狂飆突進中，今天的以色列會很自然地被視為插入穆斯林世界的前哨，不是嗎？

王　　各種各樣的民族佔據過巴勒斯坦，羅馬人佔據
　　　過，還有希臘時期，阿拉伯人一來就把這地方全
　　　都拿下了，然後是土耳其人。而歐洲的十字軍則
　　　時進時退。所有人都聲稱這地方是自己的。

　　　你所稱的前哨，在古代歷史的大潮中看，實際上
　　　是一條走廊。它是亞洲大陸力量與北非的埃及之
　　　間的走廊。埃及總是為世人矚目，畢竟它是舉世
　　　聞名的偉大文明嘛。所以巴勒斯坦是與大陸力量
　　　相連的地中海東部走廊。位於地中海西部的西班   73
　　　牙已明顯由摩爾人統治了，但在東部，事情千頭
　　　萬緒更為複雜。巴勒斯坦在戰略上始終是重要
　　　的。今天也因石油的原因風頭不減。

海上稱霸

黃　　我所形成的印象是，古往今來，許多全球性經濟
　　　活動和互連互通都集中在歐亞大陸南部的腹地。

王　　在印度洋上。古羅馬人對印度洋有興趣，因為希
　　　臘化時期帝國實際上已染指阿拉伯海灣，越過了
　　　蘇伊士運河，那是南下紅海的接口。《聖經》中對
　　　這一切早有記載。埃塞俄比亞早已為人所知，阿
　　　拉伯半島的南部也為人所知。波斯灣和印度洋已
　　　存在於西方各帝國的意識中。

所以從這個角度看，印度洋這下被與歐洲大國敵對的勢力封鎖了。阿拉伯和波斯的商人是當時那些（在印度洋上）航行的人，並藉伊斯蘭教而歸為同類。在此之前一提到商人都是指波斯商人。我們知道阿拉伯世界、波斯世界和印度西海岸之間的沿海貿易非常熱絡。那是古時候的事，相關記載並不多，但一些航運方面的事宜我們的確有所了解。最有效的航運是阿拉伯－波斯航運。他們可說是海上的游牧民族。船運取代了駱駝載運貿易，並得到進一步發展。但它並未與任何主要政治權力有聯繫。

雖然波斯帝國是非常強大的，但我們看不到波斯國王太投入海軍事務。他們的興趣總是在中亞和歐洲。換句話說，他們是一股大陸力量，並且據我所知一直如此。海洋更多是屬於私營企業的，是輕型武裝的商人天下。並沒有國家贊助下的強大戰爭機器，而這就是葡萄牙人的優勢所在。他們給該地區帶來新的東西——國家支持下的私營企業，以及耐久的船隊。

可持續的發展需要國家的支持。勢單力薄就難免會損失很多船隻，這對私營企業來說難以承受。一個國家則可以維持大量船舶，並提供資金和支持。荷蘭人和英國人從中學到了，各自都組建了自己的東印度公司——英國人於1600年創建，荷蘭人則於兩年後成立了荷蘭東印度公司。

遠洋貿易是一個全新的創新。事實上這是一場革命，而隨之而來的技術革命正是現代世界的決定力量。它完全改變了權力的本質，改變了全世界的財富分配。一旦你穿行到了美洲，你就創造出了一套全新的條件。海軍力量就是一切，並且很長一段時間內都是如此。西班牙人尤其領先於其他人，並維持着世上最強海軍的地位。弗朗西斯‧德雷克（Francis Drake）和英國人對西班牙無敵艦隊的恐懼是有根據的。西班牙艦隊確實是十六世紀末直至十七世紀最強大的艦隊。

西班牙人為什麼沒有乘勝追擊？這個問題已經被爭論了很長時間。我不知道有沒有真正的結論，但主要傾向於說西班牙人敗在沒有發展出一個中產階級——一個營商階級，換句話說。西班牙人在態度上一直很封建，他們的權力基礎仍然是以教會為基礎的地主貴族，從來不允許中產階級發展自己的自主權和權利。

75

現在，荷蘭人正好反其道而行之。他們幾乎沒有任何貴族。荷蘭的建國，他們能獲得獨立（實際獨立時間是1581年，1648年為法定獨立時間），這一切都是拜商人所賜。正是中產階級創造了荷蘭這個國家。

跨過英吉利海峽，在倫敦也同樣是中產階級最終推翻了查爾斯一世（1600–1649），摧毀了舊的君主

制，創造出新的英國人。這些人立足於倫敦，他們的財富也以倫敦為基礎。甚至更早的時候，有錢的人總是來自倫敦，而倫敦商人說話總是舉足輕重的！貴族無疑擁有軍隊，所以商人們既在人家屋簷下，怎能不低頭呢，要靠手裏的錢來說話了。到了伊麗莎白一世（1533-1603），倫敦的行業公會煥發出新的生命，商人階層的行會大行其道。

在西班牙，這些企業自始至終都是皇室的，包括派遣哥倫布橫跨大西洋的也是皇室。西班牙貴族對下層階級頤指氣使，從來不給後者任何話語權。有個對我很有吸引力的理論——但我不能肯定它是否確鑿——是說西班牙海軍和帝國企業的利益未能得以擴大，意味着他們在國內缺乏堅實的基礎。這意味着，一旦貴族陷入破產或驕奢淫逸，一旦失去對財富和權力的控制，他們就完蛋了。另一方面，英國和荷蘭建立的東印度公司那種商業類型就根基堅實、資金豐厚，能夠通過貿易者之間的團結一致來維持長途貿易。他們自己之間不會鷸蚌相爭。他們一致對外。

黃　在我們的討論範式內繼續這個話題，西班牙人越過大西洋，佔據了大量的土地，而在大西洋的另一邊仍然是大陸國。時機成熟時，其他歐洲國家也在美洲安頓下來，但英國人並沒有成為大陸屬性的。相反，他們在全球舞台上所施展的勢力仍

然是海上型的。位於世界另一邊的菲律賓的情況
能夠說明你的觀點嗎？

王　這確實是個非常有意思的歷史事件。將西班牙人
與葡萄牙人之間的世界分開的是《托德西拉斯條
約》(*Treaty of Tordesillas*)。[9]教皇只是想確保西班牙
人和葡萄牙人不要相互打架了。當麥哲倫和他那
群人從東部抵達菲律賓時，他們看到葡萄牙人已
經在菲律賓南部的香料島上了。他們達成了一項
諒解，那就是西班牙人在棉蘭老島以及那個島以
南的地方止步，讓葡萄牙人擁有其餘的地方。所
以菲律賓的形成是偶然的。如果不是要和葡萄牙
人瓜分世界的話，西班牙人本來不會宣示其主權
——我認為，他們不一定會這麼做。它與拉丁美
洲項目「哥倫布項目」有很大關係，可以聯繫到你
說的對南美洲土地所有權的興趣上。對教會而
言，土地所有權是財富的關鍵。

黃　土地耕種的需求也激發了對農民的奴役。我想
像，如果對權力和經濟有另一種思維的話，被征
服的人民可以會被充當水手而不是農民。北美的
情況如何？為什麼情況會如此不同？

王　在我看來，在很長一段時間裏，英國人都並沒走
太遠。他們有十三個殖民地，但他們的定居點仍
然在沿海。在長達二百年裏，他們都沒能越過阿
利根尼山脈(Alleghenies)，部分也是因為土著人的

77

阻擋！他們的敵人是法國人、西班牙人和荷蘭人，戰場在加勒比地區。

事實上，如果與東南亞進行比較的話，加勒比地區也是非常有意思的。世界上唯一類似東南亞的地區就是加勒比地區，多島嶼，沒有自己的文明或政治體系。東南亞的各族人民被消滅的這一事實，使東南亞的故事非常耐人尋味，因為，在某種程度上，馬來世界有足夠的政治結構抵抗西方。他們的思想中混合了印度教－佛教和穆斯林的王權、行政、管治觀念，以及從統治者角度出發的戰略思想觀念，並為統治者的合法性而將之與真主或其他神祇聯繫起來。

加勒比人民就沒有這些東西，所以西方人草草地就接管了——西班牙人佔了一小塊地方，法國人、荷蘭人和英國人也是一樣。所以它永遠形成不了一種區域感。

但在東南亞，這地方是有國家的。你看，最後，殖民地國家不得不離開；他們沒辦法妥善地進行殖民統治。那裏的人民有自己的文化，有能力抵抗歐洲的勢力。此外，該地區與歐洲相距甚遠，一直也沒有足夠多的歐洲人在那裏。另一方面，加勒比人民太脆弱，也被疾病消滅了。在古巴、多米尼克、海地、牙買加等地，當地人完全消失了。所以他們的故事就戛然而止了。

東南亞就很幸運，它不僅因無人相擾而落得自 78
在，而且還從外面得到了足夠的投入，使它得以
抵禦後來者。所以它後來對一切所做的接納都是
自願的。他們自願接納了印度教和佛教；他們自
願接納了伊斯蘭教。沒有宗教戰爭，根本沒發生
這樣的事情。所有事都是心甘情願去做的。唯一
不是自願的是西式現代化。這才是強加給他們的。

就連信奉天主教，對於菲律賓的大多數人來說也
是自願的。南方的穆斯林抵制天主教，但這場抗
爭是出於從世界另一邊帶過來的宿怨。不是當地
的。當地的紛爭沒有別的原因，就是教會抵抗穆
斯林以及穆斯林抵抗教會。僅此一例。其他宗教
和文化的影響都是自願接受的。

如此想來就會覺得這一點是多麼非同小可。這個
地方沒出現過任何宗教戰爭。開戰的原因通常都
是爭奪貿易權一類。因為有這樣的傳統，宗教在
西方到來的過程中所起的作用就很小。馬來世界
感興趣的基本上就是貿易。東南亞的大陸部分可
能不盡然，因為擁有不同的防禦體系和政治設
置。而另一方面，海洋世界則完全是個貿易世
界，西方才得以趁虛而入。他們給這一地區帶
來的新要素是軍事力量：無論是在檳城、椰城
（Batavia）、新加坡，還是澳門，他們都擁有停駐權
力和建立基地的海軍力量。

馬六甲被葡萄牙人統治是個開端。他們接手了這座馬來人的城市，並把它變成了進行貿易擴張的武裝堡壘。這並非馬六甲帝國的全部意味。舊時候的馬六甲差不多應有盡有。它是馬來式的企業。而新馬六甲則是葡萄牙企業，孤懸於國土幾千里之外。他們需要武裝基地，並且也基本上得到了三個基地：馬六甲、澳門這塊小小的踏板，以及香料島的安汶（Ambon）。往西更遠一點他們已經得到果阿，這些地方就是他們所需要的全部。

黃　在亞洲，葡萄牙人並沒有像後來的英國人那樣醉心於控制大片的土地。

王　如果你看整個的英國歷史，你會看到每當他們投身於對大陸的控制時，他們就會輸局。那從來不是對他們有利的事，但他們傾向於忽視這一點。

黃　像在美洲一樣。

王　甚至可以上溯到更早。從諾曼人一直到亨利五世以後，他們一直在法國打仗。而且每次都輸了。最後，他們唯一可以做的就是回到他們自己的島上說聲「大陸被切斷了」。他們唯一的掩護就是英吉利海峽。

他們與大陸勢力總是有麻煩，因為他們是一個小國。他們人口有限，能在美洲有十三個殖民地在某種程度上已經是非凡之舉了！加拿大的情況也

是一樣。在其他地方，他們佔島而居。他們喜歡島嶼。連澳大利亞也是個島嶼嘛！香港是一個非常好的例子，和新加坡一樣。那種地方他們才覺得安全，因為他們自己的力量是在海軍上。有了海軍力量，你就可以保衛任何島嶼。

他們不該陷入大陸之中。那麼為什麼他們在印度犯了這樣的錯誤呢？我的推測，如果你的基地在一個大陸的邊緣，而不是在一個島上，那麼帝國的擴張就不可避免了。不推進，你就不安全。「前沿防守」的思想是可以理解的。我認為，對他們有吸引力的事是進入德里。但那是個遠水不解近渴的地方，可他們沒有看到這一點。然後他們還更進一步，進入旁遮普省，進入了阿富汗。你看，他們真的陷進去了！他們狂妄自大，被亞歷山大及羅馬帝國的帝國歷史沖昏了頭腦。

黃　一種宿命感油然而生。

王　是的。不過，當然了，仔細想一想，他們還是做得不錯了。英國人能以區區十萬之眾——這是大多數統計得出的數字——持有如此廣袤的領土達百年之久，這是相當令人刮目相看的。

黃　更不用說他們還成功地進行了深刻的文化滲透。

王　哦這方面，太能幹了，太能幹了！如果他們專注於文化滲透，他們或許還能做得更好。在這方面他們真是破費了不少錢。最終他們沒有從中賺得

多少。基本上，他們要管治一個地方也是代價頗巨。私營商家盈利了，但對於國家來說，很多方面來說都是很大的負擔。

大量的英國人才將財力和生命消耗在印度，導致英國與歐洲的聯繫極大地削弱了。在某種程度上，一旦陷入了那樣一個陷阱，他們就變得與歐洲歷史無關了。他們在別的地方太過投入。所以你可以看到，隨着時間的推移，英國對歐洲的興趣成了外圍的。在某種程度上，日本與亞洲的關係也重複了這種命運。他們陷入了同樣的歷史陷阱。對大陸的恐懼——與它的概念性分離——很大程度上成為人們心理的一部分。

在大陸過假期無非就是去個度假勝地，這是你能想見的典型的英國人想法。一車接一車或一船接一船的英國人去到比利時，全都鑽到一條街或一個什麼地方的英國酒吧，那裏的一切都是為了讓這些遊客感覺賓至如歸。他們把所有的時間都消磨在那裏，然後打道回府。這就是大陸式假期的概念。

在早期歷史上，上層階級會舉行大型的歐洲巡遊。這在當時無疑被視為是一件壯舉。直到那時，普通的英國人還都對穿行到大陸上感到非常陌生。這就是為什麼你看到，英國在歐盟裏的處境一直如此為難。

黃　　我記得，當英國朋友提到「大陸」的時候，我驚訝地發現他們指的是法國。

王　　那是他們的敵人啊，在數百甚至上千年間都是。

黃　　談到歷史宿怨，在愛爾蘭，維京海盜這個話題仍
　　　然是一個很突出的焦點，即使在今天也是如此。
　　　我想，斯堪的納維亞人在那裏留下了傷痕。

王　　是的，愛爾蘭人非常有意思，因為他們在英國的
　　　邊沿上。這就是我認為英國人本身很有意思的地
　　　方。他們是撕裂的，因為他們是凱爾特人和盎格
　　　魯–撒克遜人的混合體。他們是日耳曼人和凱爾特
　　　人，而日耳曼這一面在某種程度上與大陸是一致
　　　的。他們的根在那裏，他們的語言是日耳曼語，
　　　他們許多人都源出日耳曼人。但凱爾特人的那一　　82
　　　面肯定是反大陸的。但他們的確與歐洲有特殊的
　　　關係，有助於他們對付日耳曼人；蘇格蘭人和愛
　　　爾蘭人投靠法國，愛爾蘭人投靠羅馬，來捍衛自
　　　己、對抗盎格魯–撒克遜人。蘇格蘭也是這樣。蘇
　　　格蘭天主教徒相當強大。

　　　但至關重要的是，一路到拿破崙和希特勒的時
　　　候，歐洲的大陸力量都依然非常強大。英國人總
　　　是處於外圍，總是邊緣的。最後，在第二次世界
　　　大戰中，英國人需要美國人出手才能成活。他們
　　　真的無法將自己與歐洲人等同起來。像溫斯頓·
　　　丘吉爾這樣的人是英雄人物，因為他代表着與大
　　　陸的分離。但話説回來，他有個美國母親。我想
　　　我們在這裏談論的是個深刻的情感事件及歷史事
　　　件，這是很難一帶而過的。

黃　北大西洋現在成了他們的池塘。

王　這在我們語境中相當於地中海北部。北大西洋是
　　個地中海，將一邊的美國人和加拿大人，與另一
　　邊的英國人聯繫在一起。

黃　那麼在這樣一個全球史觀中，非洲在哪裏？

王　非洲說來也是非常有趣。它在很大程度上被英法
　　兩國所接管，所以在非洲有一個英法序列。南部
　　的非洲人被基督教化了，有對英－法人的依附。法
　　國在中非直至今日都有軍事據點；在乍得、尼日
　　爾和中非共和國都有。這些地方都完全依賴於法
　　國。[10]

　　基督教世界與穆斯林世界之間存在衝突。雙方都一
　　直在以極快的速度發展教徒。二十世紀皈依成為基
　　督徒或穆斯林的人大部分都在非洲。所以眼下彼此
　　之間正劃開界線。尼日利亞是一個非常好的例子，
　　該國人口大多數是穆斯林，少數是基督徒。

黃　我想，那裏的人對中國人的突然出現有怨恨。

王　中國人去那裏也是各懷心事，有尋找資源也有搞
　　貿易的。小部分基礎在冷戰期間就已經打下了，
　　那是與俄國人一起搞的，支持非洲人反英法殖民
　　地的項目。分野很清晰。英、法都在美國一邊，
　　而非洲民族主義者更可能另覓蹊徑。他們不一定
　　是共產黨人，只不過是在尋求一種捍衛家園、抵
　　抗英法統治地位的途徑。所以毛澤東和周恩來領

導下的中國就參與進來了。我們仍能看到一些當年留下的痕跡。例如，中國曾派了很多工人到坦桑尼亞這樣的地方興建鐵路。這就看非洲國家是否表現出不想太過於依賴英國或法國的意願。此外，中國人竭盡全力地結交那些支持他們進入聯合國的非洲人。

黃　　所以，現代的全球衝突和國際關係，主要源於歐洲需要繞過對之的有效封鎖。向南，葡萄牙人越過非洲，繞過好望角進入印度洋。向西，歐洲人發現了美洲。

王　　那時沒有人知道美洲。哥倫布要去的是印度。但一旦歐洲人發現了美洲，他們就移情到這上面來了。如果那地方一無所有，他們早就直接跨過去了！毫無疑問，哥倫布本來要花更長的時間橫穿太平洋，那會是與大西洋一樣的海洋。但儘管如此，航海的人也可以繞過這個陸地，而且沒過很長時間他們就發現了這一點。在哥倫布抵達聖薩爾瓦多二十八年後，麥哲倫南下，成功穿越了南美洲。當所有這些消息傳回到歐洲時，那種**轟動**你可想而知。

84

也可以往西北試航，他們也這麼做了！當時英國人正在探索加拿大的河流和海岸，想看看能否找到進入中國的路徑。你知道，他們在南面被西班牙人封鎖了。他們就想另闢一條路出來。

我的前同事奧斯卡 · 斯帕特 (Oskar Spate) 寫過一本很棒的書，叫做《西班牙湖》(*The Spanish Lake*)，寫的是太平洋的早期歷史。[11]當時太平洋是西班牙人控制的，確實被稱為「西班牙湖」。取道菲律賓往來於中國和墨西哥之間的馬尼拉帆船貿易是當時最不得了的事情。

也就是這個時候，中國人闖入了畫面。這本身就是一個非常有趣的故事。墨西哥的財富——黃金和白銀——對東亞經濟是非常重要的貢獻。福建人在西班牙人到來之前就已經在馬尼拉捷足先登了，但他們是成群結夥地蜂擁而來的，於是這座城市成了這項貿易的中心。這時中國人愈來愈多，使得遠離家鄉的西班牙人非常緊張。這導致了對中國人的大屠殺——進行過兩次。[12]中國人擁有小商船，輕型武裝的船隻，無法真正對付西班牙人的武裝艦隊。西班牙人在馬尼拉有聖地亞哥堡 (Fort Santiago) 作防禦工事，而中國人只有中國式的城寨。

但貿易很興旺。沒有貿易，菲律賓就難以為繼了。他們沒有資源，白銀來自墨西哥，紡織品來自中國，茶和其他東西都是用墨西哥白銀交易的。這就是為什麼墨西哥元已經成了東南亞幾百年來的基本貨幣，直至二十世紀。

但東南亞從未成為地中海。我認為東南亞只是個半地中海，因為地中海作為一個權力系統，作為

文明的基礎，需要從兩方來施加力量，相互抗衡。這就是一種現實，一種奇怪的動態平衡，各方在和平與戰爭中保持團結一致，保持統一。

但東南亞並不是這樣的，北邊的中國人志不在此，其他人只顧埋頭過自己的日子，兩股力量是南轅北轍的。儘管形成地中海格局的條件可以說已經在那裏了，它沒有引起華人世界的足夠興趣。如果爪哇人這時已經足夠強大，足以代表一種與中國人勢均力敵的力量，也許中國人會更留意些。但是中國人覺得占婆（Champa）太小了，不值得掛懷，越南已在中國的羽翼之下一段時間，對他們並不構成威脅；在此之外，馬來半島上對於他們來說沒有太多政治性的東西。印度人來了，還來了一些波斯人和阿拉伯人，馬來人也來了一些，但也就是這樣了。所以他們只是轉身而去，沒有更多在意。

你需要一種不同的世界觀和不同的結構才能因地制宜。葡萄牙人不太得其要領，而西班牙人則並不真有興趣。荷蘭人倒是有興趣，但又沒有實力。他們實際上走得很遠。他們到了南非、錫蘭、印度、馬六甲、椰城，一直到了台灣和日本。

所以這一鏈條早在英國人到來之前就存在了。與英國不同的是，身處大陸的荷蘭人並不安全。他們得時時提防着法國人和德國人，並且不能忘了仍在比利時的西班牙人。畢竟，此時此地荷蘭仍

86

然在西班牙的治下。他們本來是在遙遠的國外與英國人作戰，但最終意識到他們奉陪不起。他們在幾次英荷海戰之後就相安無事了。作為一個大陸國，他們有英國人所沒有的脆弱。英國人取代荷蘭成為主要的海洋力量是早晚的事。到了十八世紀時，荷蘭人果然甘拜下風。

小島大國

黃　十九世紀之初，英國人力挫拿破崙，打敗了歐洲的強權，這在海洋擴張時代的英國人的想像力中到底有多重要？

王　這場海戰至關重要。一旦他們控制了海洋，他們就能夠裹挾西班牙和德國的大陸力量來對抗拿破崙。所以，像惠靈頓公爵這樣的人能夠在滑鐵盧打敗拿破崙，靠的是海上和外交手段。如果靠他們自己的話，英國人無法在陸地上擊敗法國人。在大陸，他們實際上一直處於巨大的壓力之下。[13]實際上多虧了惠靈頓領導的盟軍，他們無疑是堅定可靠的，而這是因為英國對海洋的控制。最終，起決定作用的還是海軍力量。英國人能夠在地中海打敗拿破崙的這一事實是非常重要的。他們有直布羅陀，他們在西班牙有加的斯，他們還有葡萄牙人。英葡關係從一開始就非常好，因為葡萄牙人總是需要幫手來對抗西班牙。基本上他

們在南部阻擋住了拿破崙，而德國人意識到，這
種不團結使他們顯得不堪一擊，於是與奧匈帝國
並肩行動起來。最後，所有人都成了法國的敵
人——首先你牽制住法國人，然後與他們打一場
陸戰。但至關重要的，我認為，還是海戰。

當拿破崙戰爭開始時，法國人在印度洋上幾乎沒
有實力。他們沒有海軍可言，法國海軍在地中海
失利之後已經名存實亡了很長一段時間。拿破崙
戰爭使得英國人能夠代表荷蘭人管理爪哇，這一
事實很自然地使他們後來選擇廖內–林加（Riau-
Lingga）群島一帶作為基地。斯坦福・萊佛士
（Stamford Raffles）認識到，如果你控制不了馬六甲
海峽南端，你就永遠算不上真正做得了主。

小島對於英國來説真是很重要，對他們有着難以
抵擋的誘惑。英國海軍力量和帝國勢力的秘密就
是對小島的利用。這一點是非常顯著的。我能想
到的絕佳例子就是太平洋所羅門群島中的瓜達康
納爾島（Guadalcanal）。該群島上有一個大的島和
一些小島。但英國選擇在哪裏建基地呢？他們選
擇了主島的一個最小的離島，圖拉吉島（Tulagi）。
換句話説，主島太大了。所以，對於他們的戰略
目的來説，即使島嶼也可能會太大了。所以在這
裏，他們佔下最小的一個島用於防禦。

黃　這讓我想起香港殖民地的建立。1841 年，英國海
　　軍上將查理・義律（Charles Elliot）出面談判達成香

87

港的割讓，為此顯然遭到倫敦上司的責罵，嫌他選了這樣一個小島為基地。

王　一個彈丸之地。

88　黃　是啊，彈丸之地。但考慮到那些切實在建設帝國的人們的心態，選這麼個小島是對的，不是嗎？

王　是的，是的。而圖拉吉島比香港小太多了！我還真的去過所羅門群島。那是我住在澳大利亞的時候，我去那裏，我看到了。那裏是非常具有防禦性的。他們在那裏建了一座堡壘，還有一些政府大樓和碼頭。你所有要做的就是在那里放一艘全副武裝的船隻，就沒有人能夠闖過去了。

廈門也是這樣的情況。在那裏，英國人把他們所有的辦公室都建在廈門的離島鼓浪嶼上了。廈門本身就是一個島嶼，但對於他們來說太大了！

黃　他們對台灣的興趣不是很大。

王　台灣島太大了！荷蘭人沒能控制得了。最後，他們不得不放手。這個島嶼對於這些海上勢力來說太大了。由於缺乏人力，他們的帝國原則就是維持他們能夠防衛的小島。如果瀏覽一下關於荷蘭人如何敗給鄭成功的大量研究 —— 鄭成功是明朝的忠臣，是在滿族入侵的時候從大陸逃到台灣的 —— 你會看到荷蘭人實際上擁有更強大的軍事力量。[14] 他們有一個堅實的堡壘，並且擁有比鄭成功的裝備更強大的戰船。理論上他們是有防守能

力的。但是他們失敗了，最後他們把失敗之責歸咎於總督的魯莽、失誤和投降。但關鍵是他們並不是敗在能力不夠上。簡而言之，荷蘭人只控制得了這個大島的邊緣。

所以，現代世界的性質整體上就是基於這樣一個控制離島的想法。這就是為什麼新加坡今天仍與世界息息相關——你看，就是因為這個。當馬來亞聯邦（Malayan Union）的主張在 1946 年實施時，英國人認為他們應該在新加坡守候下去，這倒並不是因為馬來領導人不想要這個有太多華人的島嶼，但我想，也是因為英國人覺得他們在那裏有發展機會。檳城和新加坡他們不能兼得。他們的全部需要就是一個島，作為他們在東南亞的基地。

89

事實證明，他們也不得不放棄新加坡，不過他們當然沒有想到，新加坡會變得如此成功。無論如何，他們自己是做不到讓新加坡這樣成功的，因為他們沒有合法性。但無論如何，一個島便是某種他們能理解的東西，他們在香港守候了盡可能長的時間。

所以你可以看到為什麼今天東南亞如此令人關注，又為什麼它被忽視了數世紀之久。歐洲人花了數百年的時間才意識到，在與印度和中國這兩個該地區大國打交道上，整個東南亞都可以是非常重要的。他們直到離開的前夕才明白這一點。當日本控制了東南亞時，歐洲人意識到，整個東南亞可能是中印兩國之間的一個實體。因此，隨着蒙巴頓

(Mountbatten, 1900–1979) 麾下的盟軍東南亞戰區司令部在斯里蘭卡的科倫坡 (Colombo) 設立,[15] 東南亞開始被視為一個地區。也是在那個時候,有關東南亞的第一批著作才開始孕育出來,多比 (E. G. H. Dobby)、地理學家們、霍爾 (D. G. E. Hall) 及布萊恩・哈里森 (Brian Harrison) 都開始書寫一個名為「東南亞」[16]的地方。

值得一提的是,在霍爾筆下,他排除了菲律賓。他曾在盟軍東南亞戰區司令部待過,那個戰區不包括菲律賓。菲律賓那時候在美國的羽翼下!不過後來當然他又把菲律賓加進來了。他們已經開始明白,東南亞應該被視為一個整體。

90　這在戰略上非常重要。一旦世界全球化了,你們就一邊有個巨無霸大國 —— 中國 —— 另一邊有個英國打造、現在留給了印度人的印度,於是你開始對這個地區產生巴爾幹化 (Balkanization) 的想像。正是在這一時期,出現了對東南亞巴爾幹化的討論和擔憂。為了避免東南亞發展成為亞洲的巴爾幹地區,所有國家共同發展的想法發展了出來 —— 源於卑微的軍事初衷,可以這麼説。

黃　我明白了。所以,東盟就是這樣應運而生的。

王　在東盟之前,我們曾有個「東南亞條約組織」(South-East Asia Treaty Organization, 以下簡稱SEATO)。當時冷戰正在肆虐,西方國家都在處心積慮地想分裂

東南亞。他們所關切的是遏制共產主義。越南和緬甸已經在西方的控制之下，而柬埔寨和老撾則無關緊要。為了保護殖民地，泰國是個關鍵；它必須得到保護。所以他們做的第一件事就是把泰國帶入 SEATO。

這時，美國對東南亞的想法與英國的並不一樣。英法方面的想法就是今天東盟的想法。美國人則不是——其想法是一個一路跨越印度洋延伸到伊朗的東亞或東南亞。這就是為什麼 SEATO 也包括巴基斯坦。那是因為美國人單單想遏制俄羅斯和中國。所以他們形成了一個長弧。藉着 SEATO，他們嘗試了不同的解決方案。在蘇加諾（Sukarno）倒台、蘇哈托（Soeharto）繼任後，東盟最終產生。

蘇加諾是令他們膽寒的一個。他也是親共的，而共產黨在印度尼西亞太有勢力了。我記得 1965 年與人們談起時，他們對印尼將要走共產主義道路是非常警覺的。在實際的政變之前，印尼共產黨看起來非常強大。這引起很多人的警惕。中國副主席劉少奇在雅加達接受蘇加諾的款待時，印共和中共的人都在招待會上，當時蘇加諾的政府裏有許多左翼人士。

我那時在澳大利亞。那時候警鐘長鳴啊。共產黨人就在澳大利亞的邊上！所以他們談了很多關於「前沿防衛」和派遣部隊到印尼一類的話題。這就

是當時的語言，你知道！我記得新西蘭有一位海軍上將發表了一通臭名昭著的言論，而那是《澳新美安全條約》（ANZUS）的一部分。[17]他表示，他們的前沿是湄公河，有人不得不向他指出，湄公河的源頭在西藏，在中國！但這就是那時的心態——「前沿防守」——而這全都是出於對印尼可能變成共產國家的懼怕。

現代的戰略思想是真正的大國通過代理人交戰。冷戰無疑就是如此。自二戰以來，大家都明白了，當大國動武時，傷害太大了。俄國人一掌握核武器就更是不可想像了。一旦出現這種局面，戰略思維必須是從平衡出發的。衝突是在外圍展開的。於是外圍變得重要起來。

在全球視野內，制海權是至關重要的，現在與地面力量一樣重要。於是海洋周邊國家就成了代理人。這在今天仍是如此，儘管蘇聯不復存在了。隨着中國崛起，我們仍是有兩個主要大國。這些國家不能打起來，所以他們會一直對話、對話、對話，偶爾惡言相向，但基本上他們都避免交戰，而是讓代理人去打。

今天是美國在控制海洋區域，他們知道這是他們的優勢所在。中國人正試着涉足進來，但每次他們這樣試一下都會被罵。自從五百年前鄭和撤退以來，西方就一直佔着這一歷史性優勢。

中國人會如何補救？對他們來說這幾乎是不可能的任務……非常難，非常難。

註釋

1　"A Two-Ocean Mediterranean," in *Anthony Reid and the Study of the Southeast Asian Past,* edited by Geoff Wade and Li Tana (Singapore: Institute of Southeast Asian Studies, 2011), pp. 69–84.

2　薩拉米斯戰役 (Battle of Salamis) 爆發於公元前 480 年 9 月，在雅典附近的比雷埃夫斯島 (Piraeus) 與薩拉米斯島 (Salamis) 之間狹窄的海域展開。雅典人地米斯托克利 (Themistocles) 率領下的希臘聯合海軍浴血奮戰，徹底打敗了波斯王薛西斯 (Xerxes) 的海軍。這一盛衰之變很快導致了波斯的滅亡。

3　Lars Brownworth, *Lost to the West: The Forgotten Byzantine Empire That Rescued Western Civilization* (New York: Three Rivers, 2009).

4　在公元前 338 年的喀羅尼亞戰役 (Battle of Chaeronea) 中，希臘城敗給了亞歷山大的父親，即馬其頓的菲利普二世 (前 359– 前 336)。

5　在 1809 至 1811 年所謂的毛里求斯戰役中，英國人擊敗了拿破崙在印度洋的海軍，完全控制了印度洋，確保了通往印度和其他地區的海上貿易航線。

6　高棉帝國從 802 年持續到 1431 年。

7　對室利佛逝國的城市展開攻勢發生在拉金德拉·朱羅一世 (Rajendra Chola I) 在位期間 (1012–1014)。參見 Herman Kulke, K. Kesavapany, and Vijay Sakhuja, eds., *Nagapattinam to Suvarnadwipa: Reflections on the Chola Naval*

Expeditions to Southeast Asia (Singapore: Institute of Southeast Asian Studies, 2009)。

8   Giles Milton, *White Gold: The Extraordinary Story of Thomas Pellow and North Africa's One Million European Slaves* (London: Hodder & Stoughton, 2004).

9   《托德西拉斯條約》於1494年6月7日簽署。

10   參見Thomas Pakenham, *The Scramble for Africa* (London: Abacus, 1991)。

11   Oskar Spate, *The Spanish Lake* (Canberra: ANU E Press, 2004).

12   據George H. Weightman的研究，1603、1639、1662、1686、1762年相繼發生了有系統的、政府支持下的大屠殺。參見George H. Weightman, "The Philippine Chinese: From Aliens to Cultural Minority," *Journal of Comparative Family Studies* 16, no. 2 (1985): 131–179。主要的兩次屠殺事件分別是發生在1603年10月的「常來人叛亂」(Sangley Rebellion) 及1639至1640年的一場。這兩場屠殺中有超過兩萬華人遇害。

13   想深入了解英國在法國逼迫下所面臨的財政和政治上的枯竭狀況，以及他們絕地求生的垂死一搏，可參閱 Roger Knight, *Britain Against Napoleon: The Organization of Victory, 1793–1815* (London: Allen Lane, 2013).

14   鄭成功 (1624–1662)，世稱「國姓爺」(洋名Koxinga)，是明朝忠心耿耿的水師海戰將領，他用盡餘生最後十六年抵抗滿族入侵中國。鄭成功在1661至1962年的最後一場戰役中把荷蘭人趕出了台灣。

15   東南亞戰區司令部 (South East Asia Command)，1943–1946.

16   參見E. G. H. Dobby, *Southeast Asia* (London: University of London Press, 1950); D. G. E. Hall, *A History of South–East Asia* (London: Macmillan, 1955)；及Brian Harrison, *Southeast Asia: A Short History* (London: Macmillan, 1950)。

93

17 《澳新美安全條約》(*The Australia, New Zealand, United States Security Treaty*, 簡稱ANZUS) 1952年生效，約定澳、美、新三國在太平洋的軍事行動中進行合作。

第三章

東南亞與外來帝國

現代時期的東亞和東南亞

黃　我建議我們繼續討論「東南亞」這個概念，可以
　　嗎？

王　正如我早先所說，「東南亞」這個詞其實來自二戰
　　期間，來自蒙巴頓在科倫坡的指揮部，即所謂東
　　南亞總司令部。這個詞就此沿用了下來，是因為
　　去殖民化 (decolonization) 的出現，英國人和美國
　　人覺得這個詞有用，我認為法國人和荷蘭人隨後
　　也用起這個詞來。去殖民化使他們開始惦記該地
　　區的未來，他們擔心會出現巴爾幹半島那樣的情
　　況——支離破碎，實際上是權力的真空。歐洲的
　　經驗被轉移到這個地區，其概念就是哪裏出現裂
　　縫，哪裏就會有大國干預。他們環顧一下就可以
　　看到，一邊是獨立而又不堪一擊的印度，另一邊
　　是共產中國、聯合國安理會五大國之一。

　　戰略規劃者看到了潛在的政治真空，要想做實事
　　就需要一個更為協調的大局觀。將東南亞確定為
　　一個地區有助於他們設想未來。不過，這件事並
　　沒有立即發生。美國人花了些時間才接受它，因

為他們想問題是從東亞或西太平洋這個角度出發
的，他們從來沒有以英國人和法國人的那種方式
來看待南亞。歐洲人看到印度，美國人看到中
國；在他們眼裏，這兩國中間的區域如同殘餘之
物。所以法國人使用了「印度支那」(Indochine) 一
詞，這非常有趣，因為這表明法國人已然視這個
地區為有點中國、有點印度了。對於向東遷移的
西方國家來說，這個地區的確是以印度和中國為
參數來定位的。

黃　早期的時候，英國人將該地區稱為「遠印」(Farther
India)。

王　遠印，更遠的印度，是的。他們那時正考慮將英
國的勢力從印度輻射到更遠，延伸到馬來半島，
進入緬甸。緬甸實際上是印度的一個省份，是印
度的尾端；這一點緬甸人從來沒有忘記。所以他
們的觀點總是以印度為中心。然而美國人關切的
是菲律賓和日本，戰略上趨於以中國為中心。

「東南亞」其實是個英國人的概念，這一點值得注
意。美國人最終明白了這個概念可資利用，但即
使如此，其使用也多是在學術界而已。戰略思想
家仍主要用「東亞」一詞來說事。甚至大學裏也將
「東南亞」話題歸入「東亞」；只有少數幾間大學接
受了「東南亞研究」的想法，如康奈爾大學，後來
密歇根大學和加州大學伯克利分校也有了。但很

多其他大學都沒有！英國人在這方面起步就很
早。以倫敦大學亞非學院 (School of Oriental and
African Studies, London University，簡稱SOAS) 為
例，該學院直接設有一個東南亞研究中心，與南
亞、東亞研究中心並列。我認為倫敦大學早有明
確的想法了，而牛津、劍橋則花了一點時間，因
為他們並不那麼感興趣，他們正研究古典時期
呢。所以我會說這是戰後英國人的概念，最終被
所有人和所有戰略思想家所接受。

黃　中國人的「南洋」這個詞有沒有這方面的戰略意
　　義？

王　談不上有。你知道，「南洋」實際上是一個非常現
　　代的中國説法。我在寫〈南海貿易〉這篇文章時用
　　到了「南洋」這個詞，人們甚至為中國人是否真的
　　在意南海而爭論。[1]這是今天我們遇到的問題之
　　一。在過去，任何事都沒有確切的定義：沒有精
　　確的地圖，沒有邊境，海上更是肯定沒有。陸地
　　上的邊界還可以在一定程度上辨別，但海裏怎麼
　　劃界？這些都是不太可能確定的。所以，現代這
　　些有關邊界的爭吵都是非常新的問題。

　　基本上，這些用詞非常寬泛。例如，「南海」一詞
　　確實存在，但不準確。實際上我把它等同為「南中
　　國海」，這樣就賦予了它一個新的焦點。但他們還
　　有很多其他用詞。截至十七世紀，中國人的説法

還是「東西洋」——太平洋的東邊和西邊。「東洋」
指日本、朝鮮、菲律賓和蘇祿(Sulu)。換句話說,
「西洋」指的是南中國海、爪哇海和印度洋。所以
這條界線實際上是劃下了的,大致是從福建省(比
如泉州這樣的地方)往南望去。

所以「東洋」的提法在很大程度上是指向日本和東
部地區的。那麼在另一邊呢,就是馬來半島、南
中國海、爪哇海和印度洋。所以,即使遲至十
七、十八世紀,「東西洋」的提法依然在用。鄭和
將軍出海的時候,就是「下西洋」。這在十五世紀
就已經是個常用詞了,雖然沒有定義。但十七世
紀初的著作《東西洋考》確實畫出了一條界線。[2]

所以南洋——南太平洋——是對南部一些事物的
識別。我認為這個詞來自十九世紀,是在中國人
開始發展海軍的時候。他們那時還沒有海軍可
言,只有沿海艦隊。在鴉片戰爭(1839–1842)中被
英國人打敗之後,他們意識到非勵精圖治不可
了。所以像曾國藩、李鴻章和左宗棠這樣的一些
人,就成立了一個海軍造船廠。他們想爭取英國
人的幫助但遭到拒絕。隨後他們請來法國人訓練
海軍。他們決定成立兩個艦隊——北洋水師和南
洋水師。北洋水師由北京所轄的天津經營,而南
洋水師則大致駐紮在上海南部一帶,總部之一位
於福州,從上海南望的地方。該地區至少有三個
被西方人打開的通商口岸——上海、寧波和福

州。只有在此之後，你才能看到「南洋」這個詞，它經常被人們用來描述所有離開廈門和香港「下南洋」的人——離鄉南下太平洋。並沒有邊界的提示。你或許可以把南太平洋都包括進來：你可能去的是斐濟（Fiji）或巴布亞新幾內亞（Papua New Guinea），甚至可能是澳大利亞。

它所表示的是大體上的南向之旅。所以它也不是指東南亞。事實上，日本人對這個詞也是這麼用的，日語「南洋」（Nanyō）絕對包括南太平洋。他們的想法就是「南方」——一直向南到澳大利亞，穿過東南亞和南太平洋。

所以「南洋」沒有任何政治、安全、軍事、海事這方面的內涵。它與海事的關聯是在兩支中國艦隊面對不同方向這個意義上的。對於日本人來説，反正他們幾乎所有的海事活動都在南洋，即南邊。所以他們基本上只是活躍於南洋。

黃　1894至1895年與日本人打的那場災難性海戰（甲午戰爭）只涉及北洋艦隊嗎？

王　不，中國整個海軍全軍覆沒。連南洋水師也被派到北邊去增援了。日本海軍實際上全殲了他們，僅用了短短幾天的時間。即使把進軍的航行時間算進來，最多也就幾個星期而已。真的很可悲。這一役驚醒了中國人，但這時做什麼都為時太晚了，清朝很快就崩潰了。新成立的共和國處於很

糟糕的狀態，沒有中央政府可言，各派系相互混戰，哪裏顧得上談海軍建設或者國防？他們嘗試過，但主要是嘴上説説，就算做了些微不足道的努力，也是在沒有足夠的資金、訓練，和設施的情況下。所有這一切都要仰英日聯盟的鼻息。

後來，為了遏制潛在的海軍軍備競賽，英、美、日、法、意大利於1921至1922年簽署了《華盛頓海軍條約》(Washington Naval Treaty)。他們就亞洲船運的噸位比例達成協議。日本人對此很是忿忿不平，感覺英美是在限制他們。儘管如此，日本還是接受了這些條件，因為他們沒有資格與英美這兩個海上軍事強國爭辯。當時英國仍然是頭號海上霸權，美國緊隨其後。所以日本等於是被四國肢解，頗為不快地簽了字。

但中國海軍在哪裏？所有這一切都是以犧牲中國海岸為代價的。中國人看在眼裏，記在心上，總有一天他們會對此做點什麼。與此同時，他們正在打一場內戰，全部在陸地上展開。事實是，國民黨至少還曾試圖要建立一支小型的海軍，中共何嘗有任何形式的海軍呢？人民解放軍完全是一支陸軍嘛。直到1949年他們取得勝利的時候，中共還沒有海軍。

黃　當國民黨在1947年12月闡述「十一段線」時，南海有一個權力真空，不是嗎？[3]

王　　當時沒有人提出領海要求。法國人在印度支那海岸有一條模糊的管轄線。沙巴（Sabah）和沙撈越（Sarawak）正在易手。他們在戰前甚至不受英國政府控制——沙巴由北婆羅洲公司（North Borneo Company）管理，沙撈越則由布魯克（Brooke）家族管理。所以基本上，將馬六甲海峽從中間一分為二的《英荷條約》（Anglo-Dutch Treaty）[4]就是他們手中的全部所有。美國人從不耐煩去想提出任何要求。直到目前為止，台灣人還找不到任何相關的地圖。

這就是為什麼我認為，有一點非常值得一提，即南海曾受制於某個管轄權的唯一時期，就是在日本人管轄的時候。到1942年初，日本人實際控制了南海的整個海岸線：印尼和馬來西亞當然不在話下；泰國基本上是日本的傀儡；法屬印度支那在他們控制之下；菲律賓被征服了；華南地區的福建和廣東都已聽命於日本的指揮；香港已被割讓，台灣自1895年以後就成了他們的——所以有史以來第一次，你可以把南海視為一個單位，是處於一個權力之下的。

我一直在提請台灣和中國的朋友們找找看，看從他們的檔案裏是否可以找到相關的文件，但是台灣學者在國民黨的檔案卷宗裏尚未找到任何這方面的東西，也許他們不想談起這些。我自己推測，他們不想談這些是因為受到我上述所說的那

100

些事情的影響。國民黨接管台灣這片日本領土時，台灣的日文文獻提到了他們控制下的這個「南洋」。台灣總督實質上是東南亞整個戰爭背後的力量。他們從台灣對外進行操控，而另一個指揮官則對付太平洋，我認為，輪到國民黨繪製地圖的時候，他們所接受的視角就是這樣的。有一張日本地圖，畫得很清楚，在上面可以看到南海是日本的一個湖！所以我認為正是這一進程，而不是任何國際法或任何更大概念的依據，影響了戰後當即的局勢。[5]

黃　很有可能就是您說的情況。

王　他們很可能是這樣來理解和考慮南海問題的。但他們從來沒有這樣解釋過，至少我不了解。當共產黨人接手大陸時，他們只是接手了同一張地圖。他們也沒有更進一步的思考。他們只說這是中國領土——他們從國民黨那裏繼承的產業。所以現在他們堅持認為這是自己國家所依據的基礎。國民黨的地圖，即中國地圖，是他們所繼承的。唯一留有爭議的是對蒙古國的承認，但這是共產黨同意、而國民黨因為與史達林簽署過中蘇協議所以也被迫同意的。除此之外，共產黨人所繼承的中國是清朝版圖加上南中國海的日本海圖。

黃　中國歷史上改朝換代的傳統就是承襲前朝觀念裏的中國。

王　是的，每個朝代從前一個朝代手中接續帝國。無論前朝是否是外來的征服力量，都沒關係。你看，這是中國史學的有趣之處。中國史學不是國家史。它是「天下」史；而「天下」是「天子」的皇權所及，屬於儒家的認知範疇。根據正統的解釋，普天之下，莫非王土——理論上每個人都是天子的子民，但實際上他們關切的只是那些屬於漢人家庭的人。但這些疆域都很模糊，並沒有明晰的邊界。邊界基本上是流動的，所以他們總是在為劃定游牧部落的草原與中國農業群落的地盤之間的界線而爭鬥。在界線的這邊就是文明，另一邊則不是。整個中國的史學都是基於這一點。

國界的問題從來沒有詳談過。所以在1912年以後引入民族國家和民族主義的新元素時，問題變得非常棘手。　後來中共因接受了史達林對民族（nation）和民族性（nationality）的定義而使這個問題惡化了。由於俄國人確認了許多民族，毛澤東與中共為了能被視為進步的國際主義者，為了表現出對共產國際的接受，就籠統地採納了史達林的分類，在1952年請了一批人類學家和民族學家——包括費孝通（1910-2005）及其他相關專家——來算一下中國有多少個民族。[6]但這樣的假設就是中國的邊界是確定了的。所以這是一個關於中國境內民族的數字的問題，而他們按照定義都是中國人，所以才有「中華民族」這個詞。這意味

102

着領土意義上的中國人，而不是民族意義上的中國人，並且是以中國邊界的延伸程度為衡量標準的。

但這個專用術語從未在中國以外的角度被理解。在中國以外，「中華民族」就是「中國人」的意思，而「中國人」意即「漢人」。中國人不知道該如何解決這個問題。「中華民族」這個詞除了譯為「中國人」還能有別的譯法嗎？但你如何避免「中國人」被等同於「漢人」呢，外人就是這樣定義「中國人」的，甚至包括對中國以外的華人的定義。當你談到中國人時，你是指漢人，你仍然不把藏人、維吾爾人或傣族人看作中國人。你不會。所以中國人面臨的很多麻煩都基於此。時至今日，中國的文獻中仍然在為此糾結——我們該拿「民族」這個詞怎麼辦？

但事實上，中國的「民族政策」確實來自於史達林主義的實踐。他們花了兩三年時間邀請不同族群的人士申報自己是漢人還是其他民族。最終，他們歸納出200多個民族類別，由費孝通簡化至55個民族，與漢族並列。他們後來再沒改變過這些民族類別。毫無疑問，他們對台灣的所有土著民族有個寬泛的分類（高山族），但這並不是他們所能控制的。

那麼，哪些人不是漢族呢？根據史達林的概念，每個民族都被賦予一定的權利。一旦你被確定屬

103

於某個民族，你就被賦予了某些權利，包括一定
的自主權。你會有自己的酋長，這又是傳統的。
傳統上，在中國的邊境，有些擁有頭銜的部落酋
長會在自己的領地上實施一定自治。所以中共將
中國的自治區傳統與史達林的民族工程相結合，
創造出一種新的領土民族性(territorial nation-
ality)。「領土」是關鍵詞，因為一旦某個地區分配
給了你們，你們就產生自己的酋長，你們會得到
中央政府的一些補貼以及某些豁免，還有學校教
育、醫療保健等方面的某些特權。所以很多群體
都想得到這樣的承認，因為一旦你得到承認，你
就有了追隨者，就有劃定的自治區域。中國有個
廣西壯族自治區，還有西藏、新疆和寧夏，最後
這個是為回族成立的自治區。再往下，有各種各
樣的自治州、自治縣──都是不同行政級別的自
治區域。所以這些相關權利是很實惠的，也因此
民族學家和人類學家很是苦心竭力地限制民族種
類的數目。對民族的分類存在很多不滿，直至今
天，我知道仍然有一些族群抗議自己被錯誤地歸
入其他族群之下。

有些案例很微妙。最有意思的是滿族。你知道，
滿族已經高度漢化，幾乎已經沒有任何滿族人還
說滿語，人們也很難分辨出誰是滿族人了。僅看
長相根本無法分辨，甚至他們的名字也在很大程
度上漢化了，都在清朝滅亡之前跟隨着滿清貴族

104 改用漢人姓氏了。那該怎麼去給他們分類呢？一開始的時候，極少人註冊自己為滿族。但是，一旦明白了這事好處多多，人們就開始站出來說：「我爺爺是滿族。」很快，沾親帶故的人就串連了起來，登記為滿族的人數猛增。

所以你可以看到，大多數情況下，這是一個行政上的官僚主義問題，而不是真正的種族問題 (蒙、藏、維及其他諸如壯族等人口多的種族除外)。即使是人口最多的少數民族壯族，也在很大程度上漢化了。當然，他們保留着一些風俗，他們仍然説壯語。對於大多數中國人來説，壯語跟其他方言 (比如粵語) 沒有很大的差別，反正講粵語和普通話的人也往往彼此聽不懂。但其實它們有很大的不同，並且保持着自己的方式。

黃　回族肯定也是個問題。

王　是的。基本上他們就是漢族，但他們有宗教作為主要區別。我認為中國人是破例接受了回族，因為清朝從一開始就承認五大民族，回族是其中之一。當時的回族是指包括新疆維吾爾族在內的所有穆斯林。但後來，回族被確定為「漢族化」的部分穆斯林，即「漢回」，是與維吾爾人和新疆邊界的哈薩克、吉爾吉斯斯坦等其他少數民族明顯不同的漢族穆斯林。漢族穆斯林和少數民族穆斯林不是一回事，漢族穆斯林想要有自己的身份，中

國人就給了他們。所以回族如今是唯一一個除了宗教以外，與漢人在其他方面沒有區別的少數民族。與滿清初年承認滿、漢、蒙、回、藏五族的那個時代相比，回族現在人數已經很少了。

黃　中國試圖從帝國觀念轉向民族國家觀念，東南亞也在發生類似的過程。　　　　　　　　　　　　　　105

王　這當然是在西方的監護下完成的。這些領土實際上是由荷蘭人和英國人管轄的，而這些分類是由他們決定的。我想你已經讀過一些有關英國人如何計算馬來半島人口方面的著述。[7]首先，他們把人口分為布吉人（Bugis）、米南加保人（Minangkabau）、爪哇人，將各族群彼此都分開。馬來人（Melayu）是眾多特定族群中的一個。甚至吉蘭丹（Kelantan）的馬來人也不同於柔佛（Johor）的布吉人。而在中國人方面來說，還要分福建人、廣東人等等。

然後在某一時刻，這些都變了。我們開始用一些標題來標註大的群體：馬來人、中國人、印度人，及其他人。這樣一來，就像「印第安人」這個詞的用法……如果你要找個給你惹麻煩的群體名稱，這個詞就是個例子。

在那之後，這些群體在政治上變得意義重大。到底英國人為什麼要採取這些變動，我一直不得其解。我想，部分原因是為了簡便些吧。那地方既有來自蘇門答臘的布吉人、米南加保人、巴塔克

人（Bataks）、亞齊人（Achehnese），又有爪哇人，然後他們又通婚，為此平添了很多難題。到頭來，該怎麼算才好呢？為了行政管理的便利，就一股腦地都算作馬來人了。如果你看實際的記錄就會發現，他們很清楚真正的馬來人是誰，誰有保留地權（reservation rights）、誰沒有。其他人是移民，所以沒有這樣的權利。這些權利保護了農地。所以如果你看馬來聯邦各州屬的土地法規，你會發現裏面提到馬來人的保留地。即便是歐洲人也不會去染指那些純粹的農業用地。那些是為馬來人保留的土地。

106　　當然了，有些馬來人的祖籍在是外國，他們也是通婚了的。界線變得越來越模糊難辨。所以最後，英國人把他們統稱作馬來人。我認為，歸根結底是這些區分並不重要，這些人都是馬來群島人——現在那地方稱為印度尼西亞群島了。

民族國家的興起

黃　這又把我們帶回到民族國家的討論上來了。

王　「民族」這個詞很微妙。在歐洲的語境裏，它是基於血統的。不僅僅是種族，它比種族的概念更窄。它是以譜系學為基礎的，是血統上的。首先，你們是同一祖先的後裔，這是一種生物學的事實。然

後你們還有共同使用的一種語言，這是一個關鍵的決定性因素。而且你們有同樣的宗教信仰。最後，你們很長一個時期以來一直佔據着同一片領土，這是你們的歷史。所以「同一種語言、同一個宗教、同一個歷史」就敲定了你的民族性。正是基於這一定義最終產生了第一個民族國家。

荷蘭人在對西屬尼德蘭帝國（Spanish Netherlands Empire）開戰時，可以說對這一點把握得很好。你有一種語言──荷蘭語；你有一個宗教──意思是天主教不算在內；這些最終在比利時或西屬尼德蘭形成。所以你有「同一種語言、同一個宗教，同一片領土」。領土當然是他們為之戰鬥的。他們打了近百年的戰爭來劃定這片領土，還為了表明他們不是日耳曼人。他們在那片土地上已經生活了足夠長，所以他們還有歷史。於是你們有自己的民族。在這個意義上，一邊是荷蘭人，另一邊是葡萄牙人，便是這一切的開始。

葡萄牙人的情況則不那麼一清二楚，因為他們的語言接近西班牙語，宗教信仰與西班牙人相同，而且他們在同一位國王的統治下已經有一段時間了。所以這些令事情有點模糊不清。最後，葡萄牙人實際上依賴於英國人，而後者是支持他們反抗西班牙人的。所以葡萄牙是一個政治生成物，背後有其法律和司法的歷史。

107

荷蘭真的是打了一場獨立戰爭。所以説，第一場
反殖民反帝國的獨立戰爭是荷蘭人打的，是在美
國的十三個英屬殖民地爆發獨立戰爭之前。那是
怎樣的一場戰爭啊，打了很長時間才見分曉。
1648年，三十年戰爭結束時簽署的《威斯特伐利亞
條約》(*Treaty of Westphalia*)，使他們開始確定「民族」
這個想法。此後，民族的概念得到了越來越廣泛
的應用。

但是，它仍然沒有被接受，這一點從日耳曼人繼
續擁有眾多邦國可見一斑。日耳曼民族在哪裏？
宗教改革運動後，事情對於他們來説並非迎刃而
解。馬丁·路德打開了一些局面，但他們仍繼續
處於不同的國王治下。沒有宗教統一，只有語言
統一。而在歷史意義上，他們絕對是分開的領
土。我會説荷蘭人可能已經開始建立了民族國
家，葡萄牙人可能已經有了類似的東西；但最重
要的事件是法國大革命 (1789–1799)。法國大革命
基本上讓我們看到了一個決定自己是民族國家的
大國。不僅如此，它掃清了民族國家之路上的一
個障礙——宗教。新法國是個世俗國家。當然，
其國民基本上是天主教徒，拿破崙時期的法國仍
然有95%的天主教徒，但他們基本上走出了宗教
的限定。如今要談的是語言、領土和國家了！所
以民族與國家之間的聯繫絕對是法國大革命實現
的，如果你想找到它們聯繫起來的日期。你看，

就是法國大革命最終給日耳曼人靈感，從而產生德意志民族的。這是對拿破崙的回應，拿破崙已經把他們打得潰不成軍，幾乎全軍覆沒了。

普魯士人與奧地利人展開較量，朝著建立一個德意志民族國家的方向邁進。奧地利人由於與匈牙利人和斯拉夫人等等混在一起，所以人浮於事、腐敗叢生，整體混亂不堪，行動力備受束縛。雖然奧地利人有個帝國體系，但普魯士人幾乎是百分之百的日耳曼人。我相信，正是普魯士人從根本上掃清了民族國家的另一個障礙，即不必有同一個宗教，只要你們所信各宗都是基督教派。所以，天主教和路德會的信徒在這個德意志國家聚攏到一起。那麼，這是拿破崙時期，這是法國——宗教確實變得不那麼重要了。

由於法國大革命後的權力世俗化，德意志民族這一產物能夠去除對宗教的強調。所以德國人可以團結一致，巴伐利亞人可以加入進來，否則還有什麼能把巴伐利亞人帶進來呢？他們是天主教徒。但是佔多數人口的新教徒接受了他們，於是普魯士人成就了德意志民族國家。最後，俾斯麥把握住了它。打敗法國人這一目標驅使他牢牢把握住了它。

黃　我們在一開始的時候，談到二十世紀中國從帝制轉變為共和政體的過程中所面對的種種困難。十

八世紀末期在歐洲，共和制（Republicanism）也經歷過一個激進的過程。它是與過去決裂的一個載體，對於很多人來説難以接受。

王　「共和國」有着比「民族國家」更為深刻的定義，因為它比民族的想法更進了一步。它所尋求的是把忠於國家的公民匯聚到一起。所以「國家」被加以強調。「民族」這部分關乎血統，而「國家」這部分則是政府的結構。法國這個國家是統一的國家，是在定都巴黎的同一個中央官僚體系管理之下。所有這一切都是在君主專制之後產生出來的，並且形成為一個主要的模式，有公民參與和對每個人的權利的定義。這就是法國人，是新法國人。那時，德國人還沒有這些，英國人也沒有。

但我要再次説，是荷蘭人先開始的。他們已擁有了共和制的理想。在對西班牙人進行的六七十年或七八十年的戰爭，他們發展出一種積極奉獻的國家公民的思想。所以不僅有一個民族，還有公民因為一起參與戰爭而享有權利。

美國革命（1775–1983）源於所有這些想法。每個人都是公民，反叛是公民的反叛。不是國王、教會和國家在戰鬥，是公民在奮起反抗這一結構。當然，法國大革命走到了國王斷頭的地步。這事是英國先開始的——他們首先砍掉了國王的頭。但是後來他們設法擺平並在一定程度上恢復了元

氣。所以，他們的革命與法國革命不盡相同。在法國，拿破崙無疑恢復了君主制，但經過幾十年的時間，他們終於使教會和君主主義者讓了路，創建了真正的共和國。

在這個意義上，這個想法直到1848年，即卡爾‧馬克思的《共產黨宣言》問世那一年，才算真正贏得了勝利。直到1848年，你才看到一個真正的世俗的公民國家開始了。最後，以普法戰爭（1870-1871）為高潮，法國毫無疑問重又回到君主制。

黃　意大利人跟隨德意志之後建立了民族國家。

110

王　意大利等其他所有國家都是受法國的啟發。在這個意義上，可以說，法國是民族國家的典範。英國人一直做得不太像，你知道。直到今天，他們仍然擁有君主制，蘇格蘭、英格蘭、威爾士，和北愛爾蘭的公民們仍然彼此相處得不太融洽。

英國──即大不列顛及北愛爾蘭聯合王國──這個國家的想法是花了很長時間才發展起來的。事實上，激勵它的是帝國項目。大英帝國給了他們作為英國人共同行動的目的，而對抗法國人的戰鬥把他們中的一些人團結在一起。但即使如此，蘇格蘭人和愛爾蘭人在與法國的對抗中也從沒有完全落在英格蘭人後面。所以英格蘭人在某種程度上是深諳妥協與均衡之義的典範民族。在這方面，他們的政治文化與法國的政治文化相反。法

國人喜歡清晰、一致性和明確的定義。英國人則認為，懂得妥協、能把各種東西調和在一起、讓每個人或多或少都能各得其所的東西才是好的。

因此，英國的民族性並不像法國的那樣鐵板一塊。民族國家的想法在英國還是有點模糊。聯合王國中有英格蘭人、蘇格蘭人以及愛爾蘭人——其中蘇格蘭人脫離英國的可能性依然存在，而愛爾蘭人也從未對英格蘭人心悅誠服過。

英國對待愛爾蘭人可能比他們對任何其他殖民對象還要糟糕。這就是為什麼愛爾蘭人對英格蘭人的怨恨之強烈，可能再無旁人能與之相比。想想他們在幾個世紀裏受到的虐待吧！想想奧利弗·克倫威爾（Oliver Cromwell）和伊麗莎白一世，他們真正對愛爾蘭人下過重手——征服了他們，把他們視為劣等人；拿他們取樂，不把他們放在眼裏。這背後也有宗教影響，因為聖公會與天主教會分道揚鑣了。但他們實際上只是驅使愛爾蘭人變得更趨向天主教。

黃　談到英荷關係，我記得紐約原來名叫新阿姆斯特丹（New Amsterdam）。改名字的意味是什麼？

王　荷蘭人沒有在那裏待很久。故事是這樣的：十七世紀，英國人在東南亞與荷蘭人打起來了，在摩鹿加群島（Moluccas）、香料群島開戰。當時英國人控制着香料群島中的一個，而荷蘭人控制了其餘

的那些島。這時，荷蘭人為他們沒能完全壟斷香料貿易而感到不快，而英國人與他們分開進貨。所以他們多次衝突。為此甚至在安汶島（Ambon）發生過大屠殺（1623）。哦，英國人稱之為大屠殺，而荷蘭則拒絕承認。

最終發生的事情是，在某一場戰爭結束時，他們達成了一項協議。他們要做一項交易。英國人想放棄香料島以換取新阿姆斯特丹。荷蘭人答應了，他們接受了這筆交易！荷蘭人就是這樣達到了對香料群島的全面壟斷，並為此感到歡欣鼓舞。他們相當短視，但這樣能賺錢啊——香料中有利可撈。[8] 英國人在獲得新阿姆斯特丹時，就在1626年給它改名為紐約。

黃　　所以荷蘭和英國人在1824年用馬六甲交換蘇門答臘的明古連（Bencoolen）是有先例的。

王　　是的。英荷關係是明爭暗鬥的一個古老而又苦澀的故事，直到他們後來成為抗擊法國的盟友。十七世紀初，他們互相為爭奪海上霸權而開戰。荷蘭海軍那時有荷屬東印度公司助威，實力比英國強。但他們將會被削弱。

112

基本上來說，荷蘭太小了，他們的資源在海陸之間撕扯着。他們還得提防着德國人和比利時人，還有仍對他們的獨立耿耿於懷的西班牙人。而英國人穩居島上，就可以建立海軍力量。他們可以

不必理會大陸。這是他們的巨大優勢，一個他們
享有了很長時間的優勢，甚至直到今天仍在享
有。他們對成為大陸的一部分從不樂意也從不感
到安全。

黃　他們這種不安全感肯定因愛爾蘭人的不肯屈從而
火上澆油。

王　愛爾蘭人投向歐洲，轉向法國，訴諸於他們的天
主教弟兄，令英國人感到極為不快。愛爾蘭人通
過結交外國盟友而對他們構成威脅，而英國人原
本樂見所有不列顛群島都在統一管理之下。他們
甚至讓蘇格蘭國王做上了英格蘭的國王，大英的
國王，這當然有助於蘇格蘭人接受合併。在伊麗
莎白一世（1533–1603）之後，接管的斯圖亞特家族
是蘇格蘭人，從而帶來了蘇格蘭和英格蘭的合
併。所以從來不是一個民族國家，只是兩個民族
在一國之下的婚姻。到目前為止，仍有蘇格蘭人
覺得是這樣一回事。如果你堅持說是一個民族，
那他們會感到非常不自在。

不要稱呼一個蘇格蘭人為英國人（English），這會
讓他很不快的。他承認自己是不列顛人（British），
但不是英國人。如你所知，在世界盃足球賽中，
不列顛群島分別有四支球隊——這樣絕對不會
贏啊。好吧，只有一次，英格蘭隊在1966年贏過
一次。

113

黃　實質上，是否法蘭西共和國與其說是民族國家，不如說「國家民族」(state nation) 呢？

王　並不是那麼一清二楚的。東南亞的前殖民地更像國家民族，因為在那兒我們是先有國而不是先有民族。所以國家便成為一個工具，一個民族建構的載體。這就是為什麼我們談民族建構。對於歐洲國家來說，這個詞就有點無從談起了。(對於他們來說) 民族無需建構，因為根據定義，你要麼是、要麼不是這個民族的。通過《威斯特伐利亞條約》及其後續文本，各民族決定了國家。我們這些身處其他地方的人們想要複製，就不得不倒轉一些事情。所以我們有了國家，然後我們試圖創造一個民族。

所有獲得獨立的國家都面臨着同樣的問題。你只是從荷蘭人、法國人和英國人那裏承接了領土，你試圖打造一個民族。即使印度也是這樣的情況，而印度的制度有點像中國的「天下」。莫臥兒人統治了一個由自治的印度統治者組成的帝國，這些自治的統治者不得不應對帝國體制。多民族共存於一個帝國其實不是問題，你只需要忠於皇帝。現在英國在「印度叛變」(Indian Mutiny) 後繼承了這個制度，並接管了莫臥兒皇帝的角色。

與此同時，反殖民主義者認為民族國家是可資採用和發展的樣板：「為什麼我們不能像你們歐洲人

一樣擁有一個民族國家？民族國家是一個強大的機制，你們法、英、荷、德等國統治世界這一事實已證明這一點。」

誠然，當各民族成為民族國家時，他們確實變得更加強大了。正是這一點啟發了德國人形成了一個民族國家。他們厭倦於被強大的法國推來搡去。義大利人做了同樣的事情。此外他們就組成許多城邦和地區，如皮埃蒙特(Piedmont)、威尼斯和米蘭。他們再次對法國展現的實力做出了回應。在這個意義上，拿破崙時期的法國是一個富有創造性和破壞性的神奇力量。它摧毀了封建制度，創造了民族國家，並很快就證明這是實現團結一致、凝聚力量和達致富強、繁榮和權力的強大武器。

黃　這涉及舊體制所沒有的排除機制。

王　是的，當然。這就是公民參與。對「誰是法國人」的判斷可能是真正切題的第一個嘗試。法國人需要通過定義自己來與西班牙人、德國人、義大利人、英國人，和荷蘭人分開。這是一個非常成功的過程，儘管他們至今仍在為誰是、誰不是法國人而爭論不休。但是，正是他們才使得這個過程如此重要，使得世界各地都受到它的影響。所以，當我們在亞洲反殖民主義的時候，除了民族國家，我們還能拿什麼來取代殖民地呢？

其實，我們所做的是接受殖民地國家，用它來創建一個新的民族。這就是我們仍然陷入的一場掙扎。

黃　　是的。我發現您探討該地區黨派類型的文章很有趣。[9]

王　　我們正在以不同的方式努力，進行民族建構，並把黨派作為民族國家框架內的必要工具之一。我並非要以任何方式對此進行評判；只是說這是事情的緣起。這一切都是非常不自然地發生在我們身上的。我們畢竟是在試圖用引進的制度做事，而我們並不完全知道該如何最好地利用它們。對於人民來說，並無所謂強烈的歸屬感或所有權。所以你可以很容易地改換黨派。你換一件外套穿上，然後轉到另一邊去。但這不是黨國的規範。事實上其規範是相反的。

黃　　黨派不是首先以行會為基礎的嗎？

王　　是的，但也關乎特別的忠誠。當然，一開始有一個階級基礎。但隨後，各家族變得效忠於黨，無論是工黨還是保守黨。歸屬於一個黨本身就是一種效忠的行為。對於亞洲人來說，效忠就是始終不渝，例如日本對他們天皇的效忠。他們隨時準備為天皇獻身。其理念就是一個國家是不可分割的，那麼在一個國家裏面怎麼會有各部分在其中呢？一個黨就是一部分，而一部分會與另一部分相互競爭。

115

在西方，黨派是英國民主發展的過程中得以完善的一種設備。該設備設定了公民參與的最有效方式是分享；而分享的最好方法，就是通過辯論和爭論來得出最佳解決方案。公開辯論最終發展出一個主張，即誰在辯論中勝出誰就應該有機會實施其想法。如果他辯論失敗了，他就出局，其他人就會有機會。但失敗者仍然倖存，沒有人會送命。這就告別了「玫瑰戰爭」(Wars of the Roses) 的血腥傳統。[10]

那真是個好主意。在都鐸王朝[11]之後，英國人試圖實行中央集權，並建立一個民主制度。他們毫無疑問是打了一場內戰 (1642–1651)，但他們一直在謀求防範軍事瓦解之道，尋求民事解決之策。所以憲法妥協 (constitutional compromises) 成了他們一個很好的解決問題的方案。我對英國學界印象深刻的一點是，他們旨在表明，憲法的思想以及約翰‧洛克 (John Locke, 1632–1704) 等的政治思想是法律專業和法律思想的發展所致。這些都是聯繫在一起的——律師和憲法。當然，人們也可以追溯到限制國王權力的《大憲章》(Magna Carta)，但那是封建產物。新的方式是法治和憲法規定下的公民參與。那真是太棒了。

憲政主義 (Constitutionalism) 基本上是一個英國的發明，經完善而成為確保社會凝聚、防止分裂和戰爭的國家工具。每個人都不得不認同憲法。當

有不同意見的時候，各造各執一詞，然後共同磋
商解決方法。在這個磋商的過程中，湧現出了各
黨派——輝格黨和托利黨。最終，他們得以鞏
固，並獲得了階級認同，逐漸有了地盤，漸漸地
有了工黨和保守黨。所有這一切的演變歷經了數
百年。

英國人並沒有書面的憲法，而是把以前的所有答
案都彙集起來，逐漸建立起是非觀。正義感因不
斷的測試而增長，在法庭上進行辯論，從不訴諸
武器，尋求以和平方式解決每一個問題。培養參
與型民眾是一種非常文明的方式，他們的分歧意
見可以得到共同溝通。無論誰贏得了辯論，都有
機會落實他的想法。如果他敗下陣來，那麼其他
人取而代之，並證明自己作為替代是正確的。由
於這個過程是漸進的，因此基礎非常堅實。這一
切是基於長期不斷的辯論，和基於規則的協商，
以及裁決的通過。因此而出現的是共同的政治文
化，其間的每個人都可以對政策抱有分歧，但對
體制保持相同的價值觀。他們可能不同意某個具
體的辯論，但他們會一起往前推進，在每一步的
步驟上。這個機制真是複雜而精緻的，但它不易
複製。

所以，真正的民主是從數百年的激辯中產生的。
黨派是對多元群體的澄清，這些群體隨着時間的
推移代表着不同的抱負。但他們在政治文化上是

117

團結一致的,他們在如何尋求解決方案上是一致
的。這非常不同於單一結構、一人統治的傳統,
後者是一種贏家通吃的傳統,勝利者確保被擊敗
的人永世不得翻身。中國的舊體制就是這樣。沒
有「國王駕崩、國王萬歲」這一說,不會一切照舊
地繼續着,而是勝者完全置敗者於死地。

君主制(monarchy)有很多種類,但其他君主制國
家都沒有發展出政黨。在東南亞,共同的政治文
化是非常模糊的,大多數制度分享着某種印度的
政治文化,毫無疑問是從印度佛教傳統中繼承下
來的,但他們實施的方式並不是印度式的。他們
或許有一種一望即知是東南亞式的行事方法,但
彼此還是千差萬別的。例如,爪哇人的風格就與
馬來人的風格有很大差異。馬來人是沿海的人,
敏捷而流動,沒有真正的中心,而爪哇人 —— 還
有高棉人 —— 則是以務農為本的。所以,地理以
及隨之而來的經濟體系發揮了重要作用。

118　　　印度佛教傳統中被強調的部分產生出各種不同的
形態。占婆人是非常印度式的,高棉人更多的是
佛教徒,而爪哇人變得非常具有印度教色彩 ——
佛教元素在他們那裏沒有持續很長時間。你在巴
厘島上仍可見一斑。馬來人的地區沒有農業國。
他們完全依賴於流動性,靠捕魚和貿易等海上活
動為生。他們建立了港口,從來沒打算深入內
陸,因為這是他們保持巨大靈活性和流動性的方

式。當遇到麻煩的時候，他們可以遠走高飛、另覓棲身之處。如果馬六甲陷落了，他們就去柔佛。在室利佛逝，當遭遇爪哇人的襲擊時，他們就遷移到別的地方去。所以這使他們具有了非常鮮明的政治文化，與東南亞大陸非常不同的文化。

大陸文化最終不僅受到印度人的影響，也受到中國人的影響——我認為最近的研究成果是支持這一點的。越南絕對受到中國人的強烈影響，甚至連泰國人和緬甸人也來自與蒙古人和中國人打交道的地區。他們是遊牧的，但是隨着時間的推移，他們繼承了一種大陸的權力系統，並將之帶着一路南下，在南方打垮了高棉和孟人，進入了湄南河和伊洛瓦底江 (Irrawaddy) 峽谷。他們帶來了不同的制度，雖然他們有佛教思想，但這些思想被納入了他們的歐亞權力結構，這與在海洋社會中發現的權力結構自然是截然不同的。

從四川順流而下的西藏、蒙古和突厥人所帶來的影響，與那些穿越廣東和廣西進入越南的越人的影響大不相同。但所有這些人畢竟都是大陸和歐亞屬性的。泰國人在到達曼谷並南下半島後，學到了一些海上生存方式，而越南人也是一樣。但最後呢，他們都沒有真正發展出過多的海洋心態。緬甸人也沒有。英國人來了的時候，他們還幾乎沒有抵達海岸。

119

馬來人與海洋文化

黃　因此，該地區的海洋政治文化是馬來人獨有的。

王　是的。印度人沒有，印度人主要受歐亞大陸模式
　　的影響，其國王的理念又非常強大，而國王是一
　　個由貴族簇擁的天子，揮舞着帝國的權柄。所以
　　對於他們來說，在東南亞建立一個帝國並不是一
　　件直截了當的事情。奧利佛・沃爾特斯 (Oliver
　　Wolters) 的曼陀羅理論 (Mandala Theory) 就試圖揭
　　示印度佛教傳統在東南亞的衍生觀念。[12] 但是，我
　　不知道這是否是本地人的觀念——而且這裏的人
　　是海員呢。整個南島語族南下遷徙到這些島上，
　　隨之建立的政治思想框架就是以不變應萬變，本
　　質上從未轉變為農耕力量。爪哇人除外。爪哇人
　　在這個意義上是非常有趣的，有時很難將他們納
　　入框架。他們似乎從印度佛教傳統中取得了某一
　　個部分，並把它放大成為以農業為基礎的國家制
　　度。蘇門答臘北部的亞齊人 (Acehnese) 沒有這麼
　　做，蘇門答臘南部的米南卡保人 (Minangkabaus)
　　也沒有這麼做。他們本可以這麼做，但不管出於
　　什麼原因，他們決定維持在沿海和海上。所以，
　　爪哇發生的情況為什麼會有所不同，我們其實並
　　不清楚。他們確實創造了一種不同的國家，爪哇
　　人在印尼人之中是個非常獨特的群體，並且是最
　　強大的群體。

坦白說，如果今天沒有民族國家的話，你生存不下去的。第二次世界大戰使整個民族國家體系在全球範圍內擴展，並通過聯合國得以鞏固。早前的國聯（League of Nations）作為殖民國家的一個集團並沒多大作用。現在，要成為聯合國的一員，你必須成為一個民族國家。所以，要想有資格，你必須以某種方式讓自己看起來像一個民族國家。

例如，當新加坡被踢出馬來西亞時，它非做不可的第一件事就是得到聯合國的承認。只有這樣，它作為一個國家的合法性才得以確認。

黃　是的，如今民族國家都平起平坐，除了安理會的成員國以外。

王　當然，那是戰勝國的公式。那些大國不會同意與盧森堡這樣的小國平起平坐的。這就是他們不帶德國和日本玩的原因。德日兩國過去是、現在也是強大的國家，但他們是戰敗國。中國就很幸運，因為美國人不顧英、法的反對，堅持讓中國成為安理會成員。如果換作今天，他們可能要堅持讓日本成為一個成員國。那個時候，蔣介石是美國的忠實盟友，所以讓中國躋身安理會是出於戰略考量。中國軍隊並非戰勝國中的主力軍，只不過在對日作戰中其軍力規模龐大。法國人進入安理會是因為英國人堅持要求如此，而美國人也有此想。否則，他們有什麼資格？戴高樂在二戰中一直坐守倫敦。

120

所以，聯合國所反映的其實是十九世紀和二十世紀上半葉英、法陣營對世界的劃分。

黃　聯合國下一步的演進將會涉及到安理會。

121　王　現在有不少有關全球治理的書籍，而且這方面的著述還會愈來愈多。我剛剛讀了最新的一本，作者是我們的朋友、新加坡外交官和學者馬凱碩（Kishore Mahbubani）。[13]新加坡在安理會的時候他正在聯合國，所以他對安理會的實際工作真的有直接的了解——它的意味、別人所感受到的不公正是什麼樣的。而且他不是唯一一個有直接了解的人。這件事人們已經議論了很長一段時間了。其他大國也一直想加入安理會——印度、日本、巴西，和南非。但是一旦你讓這麼多國家加入進來，那麼事情就會變得毫無意義。要是這許多國家永遠無法達成一致怎麼辦？

黃　由於地理原因，東南亞曾經乏人問津，正如您所說。但現在幾個大國對它正變得饒有興趣起來，使該地區的處境具有了挑戰性。

王　呃，我們那時乏人問津，是因為我們不是歐亞大陸的一部分。世界歷史真的源自歐亞大陸，包括地中海和北非。那裏是所有歷史的緣起。世界其他地方或多或少乏人問津。只是從十五、十六世紀開始，全球史研究才開始覆蓋全球。即使如此，直到十九世紀和二十世紀，事情都沒有眉目。民族國家的全球史確實是很新的。

從民族國家到民族帝國，周而復始

黃　現在，當我細想您談及的荷蘭人的情況，發現民
　　族國家以那種奇妙的方式發展成為一種防禦機　　　122
　　制。究竟在多大程度上，我們可以將過去五百年
　　來的歷史看作帝國元素與民族國家元素之間的
　　鬥爭？

王　一個民族國家可以兩者兼有，攻防兼備。有民族
　　國家做後盾，你可以打造出一個帝國。你看，帝
　　國全都成了民族帝國。對此我已有過論述。[14]

　　歷史上有傳統的封建帝國，羅馬帝國就是一個很
　　好的例子。它千變萬化，但根本上封建帝國是基
　　於君主制及其連帶的所有神聖不可侵犯的制度。
　　在不同的地方，它們的演化有所不同，但是根本
　　思想是有一個君主。

　　然後有了現代的東西，像東印度公司創造的商業
　　帝國。你甚至可以從葡萄牙及西班牙的帝國開始
　　說起，但我認為他們的帝國是模棱兩可的，實際
　　上是皇室對商業的介入。但東印度公司是在國家
　　之外的，它是商業性的，並沒有打算建立一個帝
　　國。出於對成功及商業壟斷的渴望，類似於荷蘭
　　人和葡萄牙人那種，他們創造了一種商業化的帝
　　國制度。現在，正基於此，帝國的許多早期學者
　　們說，我們從封建帝國轉向了本質上是資本主義
　　的工業主義。所以在列寧的思想中，帝國主義是

作為資本主義的延伸；是資本主義把封建帝國變成了資本主義帝國，這種轉變是以工業革命所帶來的經濟實力為基礎的。[15]

這個說法是正確的。我不否認資本主義是一個主要因素。約翰‧霍布森（John A. Hobson）是第一個解釋這個問題的人，列寧拿來運用並發展了它。[16]

123　我要補充說明一點，在此過程中，這些帝國也就成為民族帝國了，因為在1648年簽署《威斯特伐利亞條約》之後，在民族國家成了既成的樣子之後，每一個帝國都依據民族國家的特點來運作它。最好的例子又是法國，其次是英國。特別在北美的十三個殖民地分崩離析之後，大英帝國越來越以英國人為基礎——都是由英國人領導的。無論是不是有意為之，經營帝國的都是英國人。法國也是這樣，雖然法國人試圖對此含糊其辭，稱一個人是可以變成法國人的。英國人甚至連這種面子功夫也免了。其他任何人都很難有立錐之地，二十世紀可能只有鳳毛麟角的幾個印度人成功躋身其間。

所以這不僅僅是資本主義和工業革命激發下的演進。帝國成為民族帝國，這就解釋了為什麼殖民地在當今時代變成為民族國家。殖民地對民族帝國的反抗就是要建立自己的民族國家，將自己與英國人和法國人區分開來，並將此作為自身獨立

和自主權的一種確認。為了與之平起平坐，我們將自己再造為一個民族國家。

如果不這樣補充說明一下，就較難解釋為什麼所有的殖民地區都成為民族國家。這是他們對民族帝國而不是封建帝國所作的回應。封建帝國已不復存在。

正是愛爾蘭人對大英帝國的回應，激發了印度人及其他民族。你知道，愛爾蘭人這個例子正是一個民族對一個民族帝國進行回應的早期案例。民族帝國沒有將他們包括進去，他們必須有自己的民族國家。所以反殖民主義和反帝國主義開始認同民族主義。而這只有在反抗民族帝國時才解釋得通。這就是為什麼我說列寧和霍布森沒有充分強調民族帝國的概念。我要說，為了準確地、更好地了解二戰後的情況，你必須認識到這場戰爭是針對民族帝國的。正是民族帝國決定了我們建構民族國家的方式。事實上，聯合國這個現象就是這一點的全部體現。在此之前，我們擁有由民族帝國決定的國聯，他們口口聲聲叫作國家的聯盟，但實際上他們是民族帝國。

124

黃　如此說來，或許把國聯稱為民族帝國聯盟（League of National Empires）更準確些。

王　今天我們有了新國家的全球體系。你不能僅僅通過參照資本主義和工業革命來解釋其形成。要想

解釋清楚就必須認識到，直至國聯時期，直至全球去殖民地化和民族建構時期，帝國的打造及戰事的爆發都源於早期的民族國家已經變成了帝國這一事實。而這正是我們所奮起反抗的。我們想創造的世界，是民族國家不致發展成帝國的世界。這就是為什麼我們有了聯合國。每個國家都有自己的主權，主權是神聖的，應該確保未來不再有帝國。但隨之，事情開始改頭換面。我們不再稱之為帝國，但事實依然是有些國家比別國大，而大傢伙和小不點兒的表現是不一樣的。

黃　所以說美國在太平洋可以隨便拋頭露面，但中國一出現就要大驚小怪了。

125　王　這事見仁見智。有些人會爭辯說中國仍是個帝國，不是一個民族國家，而美國是，正如英國和法國那樣。如今，大英帝國已經告終，英國人已經變回一個民族國家。法國人也回到了民族國家。只有中國人不為所動，還是個帝國。

他們是這樣論證的：中國人繼承了大清帝國，然後照舊繼續下去，就好像清帝國是他們的民族國家一樣。大清帝國仍然是他們的國家基礎，他們不允許領土上出現自然的去殖民化和反帝國主義，這不同於其他帝國所發生的情形。

而中國是這樣反駁的：不，我們實際上被滿族征服，然後我們繼承了這個帝國，就像印度尼西亞

繼承荷蘭帝國、印度繼承英帝國的拉吉（Raj）那樣。我們沒有什麼不同。我們是建基於後帝國（post-imperial）條件下的國家。

所以你看，這話怎麼說都對，而中國的立場實際上是相當合理的。所以這取決於你想強調什麼，取決於你想描述什麼。如果你把共和國之前的中國描繪為中華帝國，那麼現在的中國就必須削減成幾個民族國家，這是一方的論點。而另一方則聲稱，他們是在後帝國條件下建立的國家，就像印度和印尼那樣。在亞洲的語境裏，這麼說也是有道理的。

我認為這就是眼下圍繞中國展開的基本爭論。藏獨的想法來自一方的論點，而中國人則爭辯說，他們繼承了這些邊疆，他們的使命——他們的神聖使命——就是捍衛他們所繼承的主權，在領土內建立一個包括了所有民族的國家，就像印尼和印度那樣。那有什麼不同嗎？很難協調這兩種論點。

黃　如今，當我們界定新的民族國家時，有沒有附加的因素？我是將民主設想為有助於界定真正的民族國家的一個成分，因為如果沒有民主，你就會傾向於壓制少數民族。

王　有此一說。是這樣，民族建構論（nation-building）的辯解就是他們最終會到位，但這需要時間。這一論點適用於馬來西亞、印度尼西亞、中國，和印

126

度。發展需要時間，過程中會有很多痛苦、很多干擾、很多人感到被剝奪了權利等等。一個辯解性的說法是，你必須給我們時間，我們必須用自己的方法來理順。你們從外部、用外部的標準進行的干擾愈多，我們現在就愈難以達成和平解決方案。

那些持相反論點的人則説，你們一開始就錯了。你們應該分成不同的國家。

爭論到這兒就會破裂。如果你説所有國家首先都是國家、它們在努力進行民族建構，那你為什麼不允許中國人這樣做呢？你允許別人做的啊。例如，孟加拉人和泰米爾人感覺自己與北方邦（Uttar Pradesh）的印度教徒不是一回事，印度人做出了極大的去中心化的努力，中國人也一樣。這兩個國家都不是聯邦制。中央權力明擺在那裏，有存留權力（reserve power）。在中國，中央可能看起來要更強大得多，但它所具有的還是存留權力，因為所有那些身為黨委書記的省級領導實際上都具有極大的自治權。他們的自治權與泰米爾納德邦（Tamil Nadu）或喀拉拉邦（Kerala）的自治並沒有太大的區別。只不過他們不是民選的。

所以你的民主論點這時出現了，這涉及到省領導的合法性。但省領導畢竟是中央任命的，還是可以被罷免的。實際上，印度也有干預機制，如果出了問題，首席部長是可以撤換的。這在憲制上是可能的，因此差異可能只是程度不同而已。

127

黃　考慮到許多年輕的民主國家，比如像菲律賓這樣的經濟體，實際上並不是運作得很好，因此「需要足夠的時間」這種論點還是蠻強大的。

王　是的，這是另一個複雜的論點，因為「民主實際上有助於經濟發展」這一想法在亞洲被證明是錯的。在亞洲，事情似乎剛好相反。日本是在明治時期而不是民主時期發展起來的，戰後日本如此成功是因為已經有了基礎。而韓國和台灣都曾處於這樣或那樣的獨裁統治之下。當然中國也是這樣。但像菲律賓這樣非常民主的國家卻面臨很大的困難。他們慢慢走到民主這一步，但其經濟發展卻是以非常高昂的代價和痛苦的方式取得的。他們的民主最終任由太多的私利干涉了發展進程。特別是當眼下跨國宗教湧入之際，如果國家沒有強大到足以抵擋，那麼經濟就會不斷地被反民族建構的力量分割開來。

那麼，當務之急是什麼？是建構一個能同時在經濟上取得發展的民族？是不顧民族建構只顧經濟發展？還是以犧牲經濟發展為代價來建構民族？所有這些都是必須做出選擇的。

民族國家不僅是針對帝國的一種防禦。現在各國之間都在相互防禦。現在帝國已逝，只剩下美國還有能力進行干預。

128

因此，宣示絕對的國家主權，是確保自己至少可以不被打擾地進行民族發展的一種方式。民族建構任重道遠，打擾和干涉只會使事情變得更加困難。然而，全球化正在同時發生，現在每個民族都受到非常強大的國際壓力。這與十七、十八世紀時歐洲各國進行民族建構時的情況不同，那時每個國家都有能力也有時間這麼做。如今呢，時間不夠用，因為在你致力於民族建構的時候，你的經濟必須進行全球性的運作。你必須在自由、民主、人權、少數民族權利、公正等思想方面承受外部壓力。所以你必須在這個框架內做民族建構。一些國家可以，但另一些國家發現這麼做很困難，覺得這些理念實際上會導致不團結，阻礙國家發展。

這些緊張局勢現在非常利害，每個國家都必須面對。除了像日本人和韓國人那樣已經緊密團結起來的國家，他們幾乎從一開始就是單一民族，進行民族建構的基礎要強大得多。

黃　　他們更適合那種理念。

王　　他們是一種更自然的契合。日本是一個島嶼，所以你可以理解。

黃　　嗯，中國離那種理念也不算太遠吧。

王　　如果你就是指原十八省，[17] 那你可以這麼說。但繼承清朝的邊境令國家的規模翻倍了。新的地區可與

129

那十八個省不同：往東北去，延伸到滿洲的地盤，
現在漢人也在那裏；在蒙古，漢人現在佔多數；甘
肅和青海也已經以漢人居多。所以現在除了西藏和
新疆，其他地方都是漢人為大多數。廣西也是漢族
人更多，雲南也是如此，即使把當地的二十五個
少數民族人口加起來，也還是沒有漢族人多。

所以他們搞的是不同的一套。但這需要時間。當
然，外部世界覺得對西藏和維吾爾人做錯了什
麼。我認為這種感覺是可以理解的，他們對西藏
非常同情，特別是由於達賴喇嘛是如此德高望重
的人物。所以中國在此方面必須謹慎行事。但是
他們還不知如何是好。

中印兩國對比

黃　在比較中印兩國驚人的經濟增長時，一些分析人
　　士認為，中國在共產主義時代通過鬥爭，剷除、
　　改變了很多阻礙現代化的舊習俗——例如改變了
　　婦女的角色——相當於為後來現代化的發展付出
　　了代價。而印度則從未經歷這樣一場革命。那麼
　　在不遠的將來，印度在發展為現代民族國家的道
　　路上是否會遇到羈絆呢？

王　是有這樣一種革命論。是的，我認為這不無道
　　理，但我不知道這一論點是否全面，因為在這一

切的背後，同樣重要甚至可能更重要的是，中國
人或多或少一直都是整齊劃一的整體。雖然他們
曾被征服過，有過不同的族群，但本質上中國一
直是一個不斷壯大的單一系統。而印度的體系在
政治上則恰恰相反：在表面的外國征服者之下它
一直四分五裂為不同的群體，沒有對社會經濟結
構產生太大的影響。支撐在所有這一切背後的，
是一個非常強有力的宗教文化，它百折不回，對
於印度人民來說意義深遠。而相對於中國人來
說，宗教就起不到類似的作用。中國的經濟增長
依賴於國家、且與國家（利益）是一致的。

印度的經濟增長就從未過多依靠於中央。所有偏
重貿易的人形成了一個階層（caste）。無論高居於
剎帝利（Kshatriyas）或婆羅門（Brahmins）的是誰，
他們都埋頭做自己的買賣。他們遍佈全國，不依
賴於國家的統一與否，只要國家放手不去管他們
就行。基本上他們有個寬鬆的政府，並且我認為
現在依然如此。事實上，即使政府有心大幹一番
也做不到。中央政府只能做些有限的事情，沒有
對下級進行干預的傳統。自治貿易群體及階層在
整個印度次大陸成功地運作着，這些群體及階層
的結構至今仍然存在。某種程度上說，他們才是
持續給經濟帶來發展的群體。儘管印度的國家和
宗教並不注重貿易，總是一門心思在來世上，他
們還是依照自己的商業文化來運作。

中國的經濟增長一直依賴於中央政府，當中央政府不重點抓貿易、不善待商界的時候，經濟就轉向農業並停滯不前。資源沒有得到適當的利用。國家不會放任商人太壯大，因為他們一旦富起來和強大起來的時候，就可能染指官位。這樣的畫地為牢和限制實際上阻礙了經濟發展。那種非常狹隘的框架被西方的滲透和革命所打破，導致了特定類型的農業經濟的徹底崩潰，以及共產黨領導下的全面工業化的到來。工業化是由毛澤東發起的，以蘇聯為樣板，鄧小平繼承了這個模式。畢竟，蘇聯的經濟在二十世紀二三十年代迅速增長。這也是為什麼這麼多西歐人成為共產黨人，他們對蘇聯模式欽佩有加，直到 1945 年。直到二十世紀五六十年代，當蘇聯開始與美國較量時，這種對蘇聯的同情才開始消退。

131

黃　他們是最先把人送上太空的人。

王　是的，他們太出色了。所以毛澤東以蘇聯的工業化為樣板是有根據的。但最終他發現這一套對中國不大奏效，因為中國的農民適應不了蘇式搞法。大躍進是試圖加快整體發展的一種方式，毛澤東變得非常迫不及待，全黨都滿腔熱情要大幹快上。當然，其結果是災難性的，完全適得其反。上千萬人白白送命，但毛仍然一意孤行。在文化大革命中，他又搞起了另外一套，其初衷同樣是想要確保黨在推動經濟發展方面發揮能動作

用。但他採取非常極端的措施。整體而言，對革命的領導是從自上而下的，中央權力在經濟發展上起決定性作用。

這與印度的情況相反。即使是英國人也不曾試圖控制印度的本土經濟。他們繼承了莫臥兒體制，基本上不聞不問。只由少數幾個英國人起用當地人在各省運作。只有在加爾各答、馬德拉斯和孟買他們才試圖親自處理事務。在這些地方以外，各項事務就由古吉拉特人 (Gujaratis)、泰米爾人、孟加拉人等其他人運作。英國人的公司分佈各處，但英國人的人數很少。在德里，印度民政局 (Indian Civil Service) 的構成主要是印度人。連駐軍也充斥着印度兵，包括穆斯林、印度教徒、錫克教徒和廓爾喀人 (Gurkhas)。在外部，基礎的文化結構保持穩固，經濟發展遵循傳統路線。

要是也有一場革命的話，事情會不同嗎？可他們怎麼會鬧革命呢，我問你？共產黨曾遍及南亞大陸的各個角落，但根本行不通。

黃　印度仍然是那個「好思辯的大陸」(Argumentative Continent)。[18]

王　是的，其整個文化傳統不容易受到革命的感染。革命在中國之所以成功，只是因為它以中央為基礎，就像俄羅斯的情況一樣。1917年列寧掌權之後，他把沙皇體制下的秘密警察部門原封不動保

留了下來。我記得自己當時對此事感到非常震驚。列寧之所以保留秘密警察制度，是因為他意識到這對於他控制國家的能力是多麼必要。所以，在他精簡各個官僚機構的同時，秘密員警機構卻基本上原封不動地保留了下來。他確實安插了一些自己人，但保留了這一監控的機制。這不是偶然的。從許多方面來說，中國也做了同樣的事情，即當共產黨人接手時，他們保留了很多國民黨官員，同時剔除了那些明顯有敵意或不願加入的人。共產黨保留了原有體制並逐漸調試。但毛澤東對這種行事方式感到不滿，因為這無助於他們進入下一個革命階段。這就是為什麼有「大躍進」。換句話說，早期的革命不夠徹底，舊的體制必須打破和取而代之。所以毛動用國家權力，自上而下發動了一場運動。

133

而整個印度歷史上不存在能放任這種自上而下的革命性變革的土壤。印度的不同地區幾乎是相互獨立運作的，由於有這種鬆散的結構，那裏的人民因此可以有大量的自由和自主性。從這一點上我們可以看出，為什麼奧利佛‧沃爾特斯試圖將曼陀羅圖象運用於東南亞這個沒有中央集權的地區。在印度，曼陀羅系統（Mandala system）已經一目了然。那裏也從未有一個中央權力。

中國人則處處與之相反。所以在這方面，當我們回到最初關於歐亞大陸的討論時，就面對各種各

樣的政治結構。在西歐的案例中是古希臘城邦的思想，是沒有被羅馬帝國徹底消滅掉的一種思想。在羅馬帝國陷落之後，城邦作為一種政治結構一直持續到民族國家的誕生。民族國家是城邦與帝國之間的一種存在。這是一個妥協，很快就由此產生了民族帝國。即使在今天，城市也有巨大的權利。

黃　如此說來，拓展到周邊農村的城邦是民族國家的開始。

王　是的，你說得對。但在亞洲這邊，沒有人打造過一個民族國家。總是有一個以農耕人口為臣民的帝國。在它們彼此之間，即今天可以稱之為公民社會的空間裏，其實沒有什麼東西。印度的情況是，種姓和宗教制度決定了上層和底層之間的各種角色。中國的情況則是核心空間由家族（family）佔據，而家族不屬於公民社會概念的一部分。家族事關血統，這是一個血緣概念。類似地，種姓制度也是血統制度。它是非常嚴格和刻板的，和家族制度一樣。你不屬於我的家族，除非你通婚。否則，我的宗族（clan）與你的宗族之間總是在較勁。

黃　可否以絲綢之路、商貿路線或政治來對東南亞進行歷史性描述？港口本身還不夠。相反，港口在較大的語境裏是相當外圍性的，它們能倖存下

來，是因為它們是帝國之間所進行的貿易活動的
一部分。

王　這是一個非常有趣的描述方式。從大陸一方來看
這一點很明顯。從海洋一方來看，我們正面對一
個新的視角，它將絲綢之路的形象轉移到海上。
北方的絲綢之路基本上依然是歐亞的權力系統，
大國位於兩端，有個中間地帶。所以總是中間的
部分表達了兩端之間的關係。

我不會說東南亞的海洋體系就像絲綢之路。我們
認為絲綢之路是以羅馬帝國和漢帝國為兩端而遙
遙相望的，在它們中間是伊朗帝國、阿拉伯乃至
莫臥兒帝國。所有這些中間地帶都是乏人問津的
地區，因為那裏到處是沙漠，間或點綴以作為基
地的綠洲。而它們又不似那些農業國。我們可以
將這種模式應用於東南亞的海域，因為兩者之間
有足夠多的相似之處。只不過一個是歐亞中心，
另一個是在邊緣，在人們眼中並沒那麼重要。在
政治權力甚至財富生成方面，東南亞並不重要。
根本的經濟實力來自於支持政治制度、軍隊、駐
軍等的農業盈餘。

黃　今天，東盟集團將一些國家組織在一起，所有這
些國家都知道，單憑它們自己是多麼勢單力薄。
要保持團結一致，提高公信力，就要肩並肩手挽
手，共同決策。

135

王　東盟是印度與中國之間的副產品。從一開始，去
　　殖民化就是在大國的陰影下開始的，並且受到這
　　些國家對它們自己未來的規劃的影響。儘管並未
　　宣之於口，但英國人的根本想法——從這方面
　　說，我們仍然是這一想法的產物——是整個該地
　　區遲早將被夾在印度和中國之間。所以你會怎麼
　　做？如果你巴爾幹化了，你將永遠受制於這個國
　　家或那個國家。英國人灌輸說，他們可以幫助我
　　們(這個地區)，並且仍在這麼灌輸。美國人也加
　　入進來，所以英、美基本上提供了一個保證，即
　　如果我們歡迎他們，他們會幫助我們對抗中印這
　　兩個國家。冷戰當然加劇了整個地區的緊張感。
　　一方成為共產主義，另一方是資本主義。

　　所以冷戰時期發生的去殖民化才是完整的語境。
　　其根本的想法是，夾在印度和中國中間的這些地
　　方為西方提供了一個戰略機會。美國總統奧巴馬
　　向亞洲地區「掉轉」(pivot to Asia)。印度如今不是
　　威脅，所以他們聚焦在中國身上。這時就有個制
　　衡的行動，就是澳大利亞的現身，無論樂見與
　　否，澳大利亞代表着西方。他們就近在眼前！所
　　以如果有澳大利亞的參與，那麼西方就在這個
　　地區。

黃　這麼說，澳大利亞人就不僅僅是美國人的「治安副
　　官」了？

王　他們實際上是整個設置不可分割的組成部分。南部　136
　　有美國海軍陸戰隊在澳大利亞的達爾文（Darwin）
　　嚴陣以待，這並非偶然之舉。這是整個進程的延
　　伸，理由是東南亞需要保護。與此同時，對印度和
　　中國惴惴不安的東南亞人覺得他們唯一的機會在西
　　方身上。如果只看經濟的話，整個東南亞都不如中
　　國或日本強大，甚至比不上韓國。印度在南亞仍然
　　存在一些問題，孟加拉國和斯里蘭卡令印度人有些
　　難堪，但基本上東南亞與印度之間的差距仍然大得
　　驚人。所以東南亞人覺得讓西方從中發揮作用是言
　　之成理的。這樣他們在晚上能睡得安穩些。

　　這就是為什麼有東盟出面掌舵。這種語言是非常
　　有趣的，因為這麼說就等於為三足鼎立找理由
　　——不僅有印度和中國，而且還有西方。東南亞
　　的向心性是基於一個假設，即在處於中印夾縫中
　　的情況下，三足鼎立是東南亞人可以感到安全的
　　唯一途徑。東南亞是從1945年以後的去殖民化進
　　程中展開的。這裏邊有相當特別而又耐人尋味的
　　連貫性，我會說，東南亞是英國想出來的——英
　　國動腦、美國撐腰，澳大利亞作為夥伴關係的工
　　具；共同保障東南亞的安全和穩定。

黃　英國在抽身而去上處理得不錯，不是嗎？

王　做得漂亮！看看英聯邦。這是一個輝煌的發明。
　　大多數人現在都對之嗤之以鼻，但我會持相反意

137

見。英聯邦這個想法是非常強大的。它不依賴於權力，而是取決於外交和談判而達成的協議，以及分享有關未來戰略走向方面的見解。如果你這樣看，那麼英聯邦有一個與眾不同的、儘管貌似很小的功能。它的存在是要為別的許多事情的發生提供背景。政治文化的共享感可以通過英聯邦繼續下去。它不提供任何明確的另類選擇，但它本身是一種另類選擇，無論是相對於印度還是中國來説。實際上這就是東南亞所需要的全部。

但英聯邦還是外圍性的，最終你確實還需要一個堅實的領土基礎。這就是為什麼東盟——東南亞十國——是向前邁出的非凡一步。從最後一位成員加入進來算起，東盟的存在歷時並不長。柬埔寨 1999 年加入，才不過 15 年（指採訪時的 2014）。所以現在來論成敗還為時過早。它才剛剛開始，剛成長為三足鼎立的現實，東南亞在中心。這想法很高明，東盟人民都知道這一點。其他玩家也心知肚明。

黃　這麼説，東盟研究中的那種將東盟與歐盟進行類比的普遍傾向是完全不得要領的。

王　歐盟是另一回事。我認為歐盟對於東南亞來説只有一個重要意義，那就是我們可以看看，在不致惹來麻煩的情況下東盟能走多遠。我們可以留意觀察歐盟做什麼，從他們的錯誤中汲取教訓，如

果有我們可資借鑑的想法，那我們可以拿過來用。但歐盟不會是東盟的樣板，它們完全是兩碼事。東盟完全是戰略性的。歐盟雖也有戰略上的緣起，與北約和冷戰相關，但那一切都已經結束了，現在是另一回事。其動力是不同的。

我使用地中海的概念做類比，因為我認為，如果英美人和印度人能夠將一個弧線從日本一直完整地劃到印度，並得以遏制中國，那他們肯定更高興。那樣他們才會感到安全。這樣一來，你就會把南海看作一個真正的地中海。將中國人拒於印度洋和西太平洋之外，是遏制政策的一部分。所以南中國海仍然是完成這幅畫卷所需的最後一個地區。如果他們成功了，那麼將會有一個從日本和韓國向南延伸到爪哇和馬來半島的地中海式的環境，將兩邊完全劃分開來，就像穆斯林和基督教世界被地中海分割開來一樣。西方知道他們無法把中國融入他們的故事。中國太大了，太富強了，且其本身的歷史太悠久了。這是他們必須接受的現實。

現在，在中國一方，有許多領導人接受了他們無力挑戰美國這一現實。他們所需要的是確保能抵禦住外部攻擊和干預。這就是他們想要的全部。要做到這一點，他們必須和美國有很特殊的關係。

而在這兩國之間，存在着很多代理人，誰知道他們之間會發生什麼。這是一種必須調控的局面。這在某種程度上是雙方之間長期對峙的體現。這條弧線的大小，以及誰將被包括進來或排除出去，這些要留待未來才能見分曉。

黃　回到您所說的中國政治經濟結構與印度根本不同這個話題上來，中國的增長是以強大的國家為基礎的，這意味着中國發生大崩潰的機會遠遠人於印度吧，畢竟印度的政治和經濟結構如此多樣化。您同意嗎？

王　對。確實如此。印度的增長可能比中國有更多的局限，但中國有崩潰的危險。正如麥克法夸爾（Roderick MacFarquhar，中文又名馬若德）以及謝淑麗（Susan Shirk）等很多其他人所說的，中國的制度有一種脆弱性。[19]可能會有人乘虛而入，也可能不會，但確實存在這樣一種脆弱性，它使得中國難以發展成一個長期完全穩定的國家。

註釋

1　Wang Gungwu, "The Nanhai Trade: A Study of the Early History of Chinese Trade in the South China Sea," *Journal of the Malayan Branch of the Royal Asiatic Society* 31, pt. 2 (1958): 3–135.

2　編按：《東西洋考》，明代張燮撰，成書於萬曆四十五年（1617）。

3　　1953年，中共將國民黨提出的「十一段線」(即南海斷續
　　　線) 改為「九段線」。

4　　1824年簽訂於倫敦。

5　　參見Wang Gungwu, "China and the Map of Nine Dotted
　　　Lines," *Straits Times*, 11 July 2012。

6　　參見Fei Xiaotong, *From the Soil: The Foundations of Chinese
　　　Society, A Translation of Fei Xiaotong's* Xiangtu Zhongguo
　　　(Berkeley: University of California Press, 1992)。

7　　例如Charles Hirschman, "The Meaning and Measurement of
　　　Ethnicity in Malaysia: An Analysis of Census Classifications,"
　　　Journal of Asian Studies 46, no. 3 (1987): 555–582。

8　　參見Japp Jacobs, *The Colony of New Netherland: A Dutch
　　　Settlement in Seventeenth-Century America* (Ithaca & London:
　　　Cornell University, 2009)。

9　　Wang Gungwu, "Party and Nation in Southeast Asia,"
　　　Millennial Asia: An International Journal of Asian Studies 1, no.
　　　1 (2010): 41–57.

10　1455至1487年期間，在統治英格蘭的金雀花王朝 (House
　　　of Plantagenets) 內部，兩個敵對集團蘭卡斯特 (Lancaster)
　　　和約克 (York) 之間發生過一系列戰爭。

11　都鐸王朝起源於威爾士，統治時期從1485年至1603年。

12　O. W. Wolters, *History, Culture, and Region in Southeast Asian
　　　Perspectives* (Ithaca, N.Y.: Southeast Asia Publications,
　　　Southeast Asia Program, Cornell University, 1999).

13　參見Kishore Mahbubani, *The Great Convergence: Asia, the　　140
　　　West, and the Logic of One World* (New York: Public Affairs,
　　　Perseus Books Group, 2013)。

14　Wang Gungwu, "Keynote Address: Southeast Asia: Imperial
　　　Themes," *New Zealand Journal of Asian Studies* 11, no. 1
　　　(2009): 36–48.

15　參見Vladimir Lenin, *Imperialism, the Highest Stage of
　　　Capitalism* (Petrograd: Zhizn'I znanie, 1917)。

16   John A. Hobson, *Imperialism: A Study* (Cosimo, 1902).

17   編按：內地十八省或漢地十八省，指清朝將原來明代的統治區域十五布政司重新劃分為十八省份，不包括關外的滿洲三將軍轄區、西藏、新疆、青海、內外蒙古等地區。

18   參見Amartya Sen, *The Argumentative Indian: Writings on History, Culture and Identity* (New York: Picador, 2006)。

19   有關麥克法夸爾在此課題上所持的觀點，可參見 Verna Yu (余詠恩), "Reform Unlikely, Says China Expert Roderick MacFarquhar," *South China Morning Post*, 31 October 2012。另見Susan L. Shirk, *China: Fragile Superpower* (New York: Oxford University Press, 2008)。

第四章

中國與西部邊緣的交鋒

適應全球秩序

黃　我們目前處於歐亞大陸地塊的東部邊緣與西部邊
緣相遇的局面。在這一點上再來談談中國會很有
意思。也許我們可以先從您之前的一篇文章開始
談起，文中您談到中國非常努力地去適應一個它
無份參與打造的世界秩序。[1]

這其實是中國已歷經了很長時間的一個進程，從
鴉片戰爭開始，隨之是帝制的覆滅，接着是國民
黨的興起，後來是毛澤東的勝利。1978年後，鄧
小平的改革終於給國家帶來了顯著的經濟增長。
上述這個過程歷時170年。如今，中國具備了新的
力量與影響力，那麼，如何在全球一體化的層面
上全方位地順暢運作，這對於中國來說至關重
要。現在人們對西方的信心下滑，這也在某種程
度上給了中國空間，使他們實際上可以因勢利導
地扭轉世界秩序。這就引出一個有待回答的問
題：儒學，或說儒家思想，在多大程度上仍在發
揮作用？畢竟，從大局上來說，共產主義大概只
會被視為異數。

那天您告訴我說，您視自己為一個儒家，而且您從小也是這樣被家庭培養的。和許多人一樣，我認為儒家其實是可以對現代生活作出相當巨大的貢獻。但由於殖民主義和西方科技的興起，任何非西方的知識都被推到一邊，被當作根本誤導的東西靠邊站了。我希望聽聽您對此的看法。

此外，中國現在是世界第二大經濟體，並且正朝着第一大經濟體的目標邁進。但我們知道，其實美國的體制要穩定得多，儘管它可能有朝一日在某些統計數字方面屈居第二，它還是有很強的制度，在意識形態上有很強的凝聚力。在中國一方，事情則千頭萬緒並且相當脆弱。所以數字並不能說明一切，而且我不揣冒昧地認為，某些方面上說，這些數字是被用來煽動對中國的恐懼的。

王　你說得很對。我認為很多圍繞數字的爭論可能是非常具有誤導性的。我認為中國經驗的重點是，他們根本的世界觀正得以復原，而他們的世界觀恰恰源於其儒家傳統。但圍繞儒家傳統卻有很多誤解。我這一代華人，以及我前一代的華人，對儒家是非常懷疑的，因為我們將儒家與中國的帝制聯繫在一起。這樣聯繫當然也對，因為儒家的哲學家和學者接受了帝國規範，而且實際上是竭盡全力地維護它、兢兢業業地效力於它的。事實上，正是儒家的忠心才確保了帝制中國存在如此之久。漫漫多少世紀，若是沒有儒家，帝國的治理是無法那麼順當的。

143

所以儒家的貢獻是，他們為某種特定的帝制國家奠定了基礎——這種國家並不是他們發明的，發明者是別人：武士、國君、法家，及其他人。儒家並沒有挑戰它。在漢代，儒家為國家奠定基礎。他們覺得帝制是既定條件，很有可能是強大而有效的，所以當時湧現出來的儒家認為他們實際上可以完善帝制，使其成為一個厚德載道的國家。所以他們繼續傾注了全部盡忠於事的熱望，希望自己能促進社會的進步、使人們過上更公平的生活並且都有機會過上好日子。只不過，這時國家的結構與他們起初想像的不同，但他們接受了這一點。但結果是，儒家的共謀將帝國建設成了它後來成為的樣子。一而再地，在對國家的本質及皇帝的角色的理解上，儒家被迫做出讓步；一步步地，這些讓步實際上鞏固成一套非常僵化的官僚體系，高度精英化，並使儒家文人受益匪淺。不過當然了，他們為此付出了代價。他們對皇帝忠貞不二，以此維護其精英和特權地位，並且認為自己的地位是應當應份的，因為他們為國家盡忠職守。

二十世紀的我們大多拒斥那種或許被稱為「國教儒學」的儒家思想，即那種已成為帝國正統的觀念。二十世紀的大多數中國思想家都視其為完全過時、完全失效、不再為中國人所需要的東西而摒棄之。他們轉而去尋找別的東西。

144

在另闢蹊徑的過程中，他們嘗試過許多思想，但
無一在中國真正奏效。他們嘗試過吸收了西方經
驗的國民黨結構。其實，中共和國民黨幾乎都全
部吸收的是西方經驗。人們說蔣介石是一位試圖
回歸過去的儒家，姑妄聽之吧，其實他吸收的是
日本版的西方經驗。蔣介石在日本求學，在他的
諸多修辭背後，有一個中央集權的結構，是日本
人已經完善了的。那時日本也沒有民主。此外，
蔣經過軍事訓練而具有的軍國主義思想，導致他
推崇德國人。所以日本樣板中的民族主義/軍國主
義的那部分，也就是許多中國人眼中日本成功的
秘訣，是被蔣普遍接納的。如果日本能以這樣的
方式取得成功，那麼或許中國人可以跟隨。日本
人吸收的某些西方思想方式——特別是在技術和
軍事技能方面——以及明治時期帝國主義對財富
和權力的重視被證明是成功的。「富強」是一種中
國人的思想，但日本人將之發展到了一個高度。
中國第一代民族主義者們實際上接受了這一成功
邏輯學。當然，共產黨人也接受了。

現實中的中國共產黨其實並不是馬克思心目的那
種，他們也並非脫胎於列寧的範本，實際上更像是
出自史達林主義範本的共產黨人。一定程度上
說，列寧的共產主義國家是建立在沙皇的制度結構
上的，基本上偏離了馬克思的思想。馬克思是非
常西歐的一個知識分子，他試圖預測歐洲在經歷了

數十年資本主義之後的未來，想評估赤裸裸的資本
主義可能給社會犯下的所有可怕罪孽。他對放任
的資本主義的後果描述得很對。他確實看到了周
圍正在發生的異化，所以他預見到工人會奮起反抗
資本主義，這會最終導致理想共產主義。但眾所
周知，事情的發展並非如我們所料。西方找到了
對策，他們找到了擺脫束縛的方法。資本主義作
了調適，實際上通過社會主義進行了很多方面的
妥協。事實上，這些措施防止了革命的發生。

革命只會發生在、並且確實發生在資本主義並不
發達的國家。這是個事實。在沒有真正的資本主
義和無產階級提供替代性結構的地方，革命運動
是成功的。所以革命不得不建立在農耕結構崩潰
的基礎上，等這一崩潰出現的時候，就可以施行
一些新的東西。我覺得最終吸引了中國人的是這
個模式，而不是共產主義。有些中共知識分子確
實大談共產主義，他們中的一些人在史達林時期
的俄羅斯生活、學習過，毛澤東自己也讀了很多
史達林的著作。但我認為到最後，像毛澤東這樣
的人意識到，中國革命要成功就得利用農耕體系
的優勢，就得依靠農民造反的傳統。他們並沒有
將國民黨的弱點和失敗歸結為民族主義。民族主
義是無可厚非的。國民黨錯在努力想成為半日本
半西歐的樣子。孫中山將各種龐雜的思想引進到
中國來，然後蔣介石為支撐其政黨而對這些思想

重新加以建構。例如，蔣的軍國主義比孫中山所設想的要強大得多。孫中山在革命軍中已經一定程度上向軍國主義轉變了，但從未徹底轉變過來。而受過軍事訓練的蔣介石覺得，除了用軍事力量鞏固政權別無選擇。

所以國共兩黨都沒有真正成功地適應他們所理解的西方經驗。他們的經驗是東拼西湊起來的，就像蔣介石從日本和德國那裏學到的軍國主義一樣。針對自由主義，他們的態度非常猶疑。表面上他們還有很多其他來自西方的東西——他們有很多資本主義的成分，但也將它調適成了民族資本主義。他們非常反對外來資本主義，但他們接受了資本主義！他們正在用資本主義的做法，引進很多外國公司，同時又控制它們，盡量削弱它們在中國土地上的能量。他們致力於建設中國式的資本主義，以此取代西方資本主義。他們的國家和資本主義之間有一種關係，而這種關係最終由於各種非常複雜的原因而失敗了。但最重要的是，這樣一回顧，就可以看出當初民族主義者整合的東西或許原本不致失敗；若不是日本發動戰爭，本來可能還是有機會的。

所以，實在地說，在導致蔣介石的民族主義政府的最終毀滅上，日本挑起的戰爭發揮了重要作用，對共產黨人大有幫助。當然你也可以說成是國民黨人的失敗——這場戰爭他們打得措手不及。

毫無疑問，日本人比中國人強大得多，如果你讀一讀蔣介石的日記和文稿，你會看到他的想法其實是非常傳統的：「不打不勝之仗。」這很符合《孫子兵法》之說。蔣介石一直說他不想打日本人，因為他知道他會輸，他想先準備好。他認為自己會輸，原因之一是他認為他不得不同時打共產黨。他的這種表態使他看起來像是寧願打共產黨（中國人）也不願打日本人似的。所以共產黨人利用了這一點，在他們的宣傳中非常巧妙地借此反對國民黨：「你們寧殺中國人而不殺日本人嗎？」蔣介石無言以對，因為在私下，他知道他打不贏日本人的。但如果他能先摧毀共產黨人，然後將中國人團結在他的領導下，他就有機會贏。那是蔣的邏輯。但是共產黨人以其人之道還治其人之身。所以就有1936年12月的西安事變，蔣被挾持，被迫承認抗日事關國家利益，應該是當務之急。

147

這時的蔣介石別無選擇，只能打日本人。而日本人的說法也很有意思，他們說：「我們沒有宣戰。我們一直在告訴國民黨，我們想和他們聯合起來，幫他們剿共。我們是同一陣營。敵人是蘇聯，以及史達林、共產國際領導的中國共產黨。」需要順帶一提的是，蔣介石在國民黨內的對手汪精衛真的接受了這個說法，並且確實和日本人共事了。蔣介石就被卡在一個左右為難的位置。在中國人眼中，日本人是中國土地上的入侵者，就

像滿洲人一樣。怎麼能將這些人視為盟友呢？所
以在某種程度上，在地緣政治上，這是一個非輸
不可的局面。

西安事變後，日本人知道，現在是中共和國民黨
要一起對付他們了。他們所面對的問題是，他們
會否被趕出他們所盤踞的中國東北部和山東省。
在長城以北的河北地區，老百姓已經人心惶惶，
擔心日本要進一步入侵。戰爭已是山雨欲來。日
本人口口聲聲說他們其實從未對中國宣戰，中國
人當然不以為然。1937年7月7日的盧溝橋事件確
實拉開了戰爭的大幕，但確實沒有宣戰這回事。

148

準確地說，西方模式在中國的失敗不僅僅是因為
它是西方的，還因為它跟日本有瓜葛。當時日本
代表着西方。中國人從來沒有真正排斥西方。儘
管他們有千萬條理由這樣做，但中國人從沒有真
的仇恨英國人或法國人。他們也從不仇美！儘管
在各種事情上存在分歧，美國人實際上還是站在
中國人一邊的。中國人從來沒有「反西方」這回
事。他們所拒斥的是日本人。那場戰爭中的亂象
是，日本式西方與美國式西方構成了兩種對西方
的選擇，他們都是「西方」。

另一方面是俄國人。不管毛澤東是怎麼說的，我
並不認為大多數中國人弄明白了他們為什麼要與
蘇聯結盟。毛竭盡全力想說服中國人，說俄國人

是他們最偉大的朋友。我覺得到目前為止，這並非中國人所傾向於認為的。

但西方跟日本聯繫在了一起，而且德國也屬於西方，這真的讓中國人感到困惑。這確實令「何謂西方」成了一個深刻的問題。你看，今天我們試圖簡單化這個問題，好讓美國代表西方。所有偉大的發明、新觀念、自由解放等都與美國相關。今天，我們將一些東西孤立起來代表西方。但這並不是二十世紀二三十年代人們眼中的西方。那時候西方是與船堅砲利的外交相關的，是與權力相關的，是與軍國主義相關的。西方現在有點否認自己與那些事情的關聯，但法西斯主義是西方的一部分，就像共產主義一樣。

黃　有很多個西方。

王　是的。有很多個西方。有時我們忘了，中國人並　149
　　不排斥西方，他們是在對西方進行選擇。西方的
　　一面現在排斥其另一面，並辯稱中國人不了解西
　　方，稱中國人所選擇的並不是真正的西方。但我
　　不認為這一論點是合理的。他們都是西方。對於
　　中國人而言，他們只意味着各種選擇罷了。即使
　　在西方，人們也在做選擇。看看西方的知識界和
　　知識分子，他們何嘗不曾為是否該同情納粹主義
　　和法西斯主義而辯論。今天我們想當然地認為那
　　些都是「歪門邪道」，但這是因為現在已經不是二

十世紀二三十年代了。有很多英國知識分子都曾
對德國人和納粹主義非常同情，當時他們對自由
民主制度的情況非常不滿，許多人都覺得蘇聯共
產主義很有感召力。如果你閱讀當時的文學，並
研究參加過西班牙內戰的人，你就可以看到這一
切曾是多麼令人暈頭轉向。

所以這事從來都不是關乎東方對陣西方。而是關乎
亞洲——特別是中國——如何從西方提供的各種選
項中進行抉擇。在這個意義上，西方對自己過去的
排斥是相當徹底的。冷戰就是一個絕好的例子。
冷戰使兩個西方形成鮮明的反差，非此即彼，別無
其他存在。西方整個佔主導地位，選擇就是在甲隊
和乙隊之間擇一。這種情況一直持續到1990年
代。所以我們現在談論的事情並不久遠！

而中國人那時恰恰就處於那樣一個位置。他們已經
拒絕了一個西方——西方乙隊，也就是蘇俄的共產
主義模式，因這一模式對於人民來說變成了一場悲
劇。他們對另一個西方——西方甲隊——還不是太
確定，特別是當他們正被西方攻擊並遭到質疑的時
候。大多數中國人在西方都很開心，如果你把他們
安排到西方國家，他們會很高興，只要他們能受到
平等對待就行。他們所不願接受的是被視為二等公
民，他們難以完全接受西方是因為西方看不起他
們。中國人民的自尊心對此是無法接受的。如果
他們得到平等的對待，他們絕對會毫不猶豫地接受

150

西方。在這一切的背後，總是存在一個玻璃天花板式的問題：那種洋大人居高臨下的基本感覺。那是他們不能接受的東西，那就是他們感到遲疑的地方。與此同時，中國在沒有全盤追隨西方的情況下也做得很好，他們選擇性地接受一個西方，同時從另一個西方汲取一些東西。他們發覺這種混合的做法挺奏效。但在奏效的同時，他們也覺得若有所失。中國基本上是在採取西方甲隊和乙隊的方法和技術，但他們的心魂並不在此。那種歸屬感，那種完全委身於此的感覺，找不見的⋯⋯因為那不是中國的東西。他們知道不是。所以西方甲隊和西方乙隊的混合體，儘管奏效，還是少了點什麼。

黃　於是儒家就再次有了用武之地吧，我想。

王　因此中國人回歸自己的過去。一百年後，他們現在又繞回去不再摒棄儒家思想了。中國人曾那麼竭力要拋棄儒家，但它不斷捲土重來。很多人會說，儒家之所以不會消失，是因為它裏面有很多基本真理。儒家思想從根本上說並沒有錯。

當你將孔子及其基本思想與作為國學正統的儒教分開的那一刻，你就會另眼看待它了。這是耐人尋味的地方。歷經漫漫兩千多年的時間，即使在儒家做出各種妥協來支撐天朝國體的時候，作為個人的儒家弟子也一直心向孔子，私心裏明白當以真孔子為他們的依歸。但在現實生活中，他們

151

必須向國家所扶持的儒家意識形態看齊。所以他們在做一個真正的好儒家和做一個只服務於皇帝和皇朝那部分的好儒家之間撕扯着，後者是通過成為體制的一部分而在社會上有所作為。

所以說，私底下有個孔子，枱面上還有一個孔子，同時存在着。你可以從新儒家哲學的發展中看到這一點。這個哲學本身朝着一個方向發展，但實際情況是，作為個體的儒家不得不作出選擇。他們可以一心一意地忠於儒家的原則，也可以選擇謀一個公職服務於國家，成為國家眼中的那種好儒家。這就是為「儒」與為「官」的區別。這兩種儒家在中國古往今來的歷史上都可以找到。有些人從不為國家效力，畢生教書育人、服務於自己的本土社區，他們擔心自己會做出太多的妥協，會因奉旨行事而變得腐敗、而令自己的理想淪為笑柄。所以大多數儒家對這種區別還是心知肚明的。但是，如果他們想要服務於社會，他們面臨的就是霍布森式抉擇（Hobson's choice）。服務畢竟是儒家精神理念的一部分。

如今，你看到同樣的事情再次出現。他們不用儒家思想了，他們杜撰出一個「中國特色的社會主義」來賦予中共合法性。他們不能把這一套丟掉，否則他們什麼也沒有。但其實質是什麼？他們已獲得了西方的方法論。無論是西方乙隊還是甲隊的方法，他們都掌握了，他們現在已經弄明白

了。現在他們想要恢復的是中國核心。那麼什麼
東西應該恢復、什麼東西值得保留？

如今他們既然有了可以保持國家強盛和經濟穩健
(假設經濟會保持穩健)的方法論，他們就需要更
多的什麼。他們是人，國家強盛繁榮還不夠。中
國所面對的挑戰是，西方不僅帶來了方法論和技
術，還帶來了一套理念，其中大部分來自基督教，
來自西方甲隊。中國的穆斯林仍然是穆斯林，據
我所知在人數上增長不快。中國佛教徒正轉向佛
教中尋找慰藉。其他那些在信仰上無以維繫的中
國人正在轉向基督教。那麼，如果中國的體制不
能使儒家思想再次發揮作用，人們就會回到這些宗
教之一，其中的兩大宗教將是佛教和基督教。基
督教如今取得了很大的進展，因為有些地方的人們
存在精神飢渴。這一點很清楚。中國的知識分子
如今正努力地重新表述儒家理念，好讓它對年輕人
產生吸引力，但他們的努力還沒有成功。

儒家思想還有另一部分——關於服務的那部分
——可以為中國特色的社會主義服務。現在這個
制度根本不是儒家的，而因為服務社會和國家是
儒家思想的一部分，他們就為此做出妥協。

一個發人深思的問題是，私底下的儒家思想還有
多大現實意義，或說還有多少可行性？公共服務
這部分怎樣才能成為儒家社會主義(或別的更恰當
的名字，比如「儒家特色的社會主義」)演變的基

礎，從而能讓儒家和社會主義二者得兼呢？他們
能否通過吸收儒家思想來使這個社會主義國家具
有中國特色呢？胡錦濤所倡導的「和諧」理念（「社
會主義和諧社會」）就是朝着這個方向發展的，但
運用的是「中國特色的社會主義」，吸收和接受一
些東西，讓事情更本土化、更容易讓中國人民認
識並覺得自在。

這是真正的考驗。這是中國的內在問題。在處理
外部世界上，現代世界的技術在很多方面都是機械
的。你會學習它們，並在適當的時候加以應用。
中國人對地緣政治規則的了解及他們在國際關係中
的專業知識是相當不錯的。他們派出了一些頭腦
頂呱呱的人去學習這一切。他們對事情了如指
掌，也知道對於中國來說事情並不盡如人意，但他
們可以泰然處之。過去三十年多來，有大量例子
表明，中國人實際上已經接受了外部規則，並試圖
使這些規則服務於他們的利益。這是眾所周知
的，甚至有人認為中國有時其實比美國更遵守聯合
國的規則。美國並非一貫把聯合國當回事。

中國人對那些規則並不太滿意，因為它們只是技
巧而已。所以說，重要的並不是規則本身。費九
牛二虎之力去爭取改變規則是得不償失的。他們
寧肯去解讀、規避，或靈活運用之，以適應不同
的情況。某種意義上，這就像所有其他事情一
樣——製造或營銷等等。你不會試圖改變規則。

你會熟悉和掌握規則，然後從中挑出對你最有幫助的部分，將之運於股掌之間。所以，我不認為他們對規則太過於不滿。如果其他人希望改變規則，那麼他們樂見其成。但他們不想採取主動，因為他們不想被認為是挑戰規則，甚至不想讓人覺得他們在質疑規則。

這就回到看待法律的不同態度上來了。西方對法律的態度可能更為虔敬。我稱之為虔敬，因為它裏面也不乏偽善之處。所謂虔敬，意思是說，你對某件事情表示了極大的尊重，並把它視為神聖。中國人沒有那種虔敬。他們不把法律視為神聖的。法律只是國家、社會，以及任何需要規則的群體的工具之一。法律是規則的延伸。它或許是規則制定下的更高的秩序，但它只不過是一套規則。

154

務實與敬法

黃　中國沒有日耳曼世界那種自然法的概念。

王　我不認為中國人信奉絕對意義上的普遍法則或自然法。對於他們來說，法律只是為了達到某些目的而必需的一套規則，是可以改變的。但法律在西方也是如此啊！在實際生活中，西方對法律非常現實。他們不把規則說成是絕對的；他們的規

則確實會隨機而變。所以如果雙方都明白這回事，如果雙方都以此為基礎，那麼剩下的就是你想在什麼時候改變什麼規則的程度問題，而這通常是由利益引導的。

這種區別是非常有意思的：中國人根本不認為法律是神聖的，對於他們來說法律只是一個工具。另一方則將法治說成是絕對的，但在實踐中也認為它必須靈活把握。在某種意義上，你面對的是兩個不同的陣營，一方對待法律更有俠士之風，而另一方則對其神聖性小題大做。但是在面對現實的時候，我相信大多數人——無論是中國人還是西方人——在必要時都會開放地面對規則的改變。看看聯合國成立以來制定了多少新規則。國際法一直在演進。所以中國人有準備看到新規則。

155

黃　全球貿易機制確實一直在變化。

王　不斷變化，顯然是想要改進。這意味着如果機制不起作用，你就會加以改進。所以，當有人出來責備說，「這是規則，你犯規了」，中國人就覺得很奇怪。對於他們來說，這有點不着邊際。當然這會造成很多誤解。中西方有兩個非常不同的出發點。西方的出發點是，一旦你達成一項協議，它就是一成不變的。但這種想法從來不是中國文化的一部分。

黃 您提到西方的敬法與中國的務實，這令我再次想
到儒家思想，以及「禮」這個觀念的中心地位。某
個重要的意義上，「法」是一種儀式。國際法顯然
更是如此，並且是新開創出來的儀式，含有以某
種方式做某些事情的協議。先有「禮」才有「法」。

王 我認為這很好地描述了中國的態度。法律是一種
相互商定、彼此接受的禮儀，中國人強調其「禮」
的一面，而不是法律絕對的一面。

黃 所以沒有什麼好自以為是的。既然大家處理的是
關於禮儀的協議，就需要一種嘗試性的態度。對
法律採取一種更虔敬的態度，是想擁有超出協議
本身的權威，或假定其實並沒有相互協議，而只
是一方神啟般的對法律的發現。

王 中國人沒有那種超越性。你知道，在他們的傳統 156
裏面沒有高高在上的神明，沒有那種主宰萬物、
左右自然法則、令你不能背離的存在。並且，中
國人發現，那些一本正經、將法律奉若神明的人
們也會修改法律以適應自己的需要，於是他們
說：「瞧，還是我們的做法更合理吧！」中國人在
過去二百年裏已經受夠了，現在他們說：「你們的
法律觀與我們沒有什麼不同；我們對法律有不同
的態度，但實際上我們並沒有那麼大差別。我們
從假設入手，你們先信誓旦旦，但到了最後，我
們都是實際的、務實的，我們準備進行研究和做
出調整。在這一點上，我們殊途同歸。」

中國的立場更為現實，雖然西方立場也自有理
據。你需要一些確定性，讓你在偏離的時候可以
做到八九不離十。中國人行事非常靈活，一切都
是怎麼談和怎麼判的問題，端看如何努力使雙方
達成一致。對於中國人來說，沒有什麼基本原
則，而西方則認為是有的。

我認為這種對法律認知上的差異是許多誤解的根
源。中國，事實上是中共，是非常務實的。中共
沒有教條，反正從鄧小平東山再起後就沒有了。
而毛澤東也並不是教條主義的，他只是自我中心
和具有強烈的個人色彩而已。如果你看看中國共
產黨自1921年成立以來的歷史，就會發現他們的
教條實際上來自西方，來自列寧和史達林。在中
國，從陳獨秀、瞿秋白一直到毛澤東、周恩來，
都只是他們幾個人自己在磋商，最終大家覺得毛
澤東凡事都安排得縝密周詳，他們甘拜下風，決
定像尊奉皇帝般接受他。但那是因為毛在政治上
非常老練。他擺佈每一個人到了「不聽話你就掉腦
袋」的地步，這是帝王作風。

黃　　那完全超出了當時馬克思主義的認識。

王　　與馬克思主義無關。所以在這個意義上，中國共
　　　產黨從來都沒有教條過。說鄧小平令中共更加務
　　　實也是不準確的。中共一直是務實的，但容易受
　　　到最高領袖乖戾作風的影響。

黃　有件事令我很感興趣，就是中共近些年將國家主席及總理的任期限制為兩屆。這一變化令人吃驚。

王　這是技術性的，任期就是個策略，其背後並沒有什麼原則。這是現代的管治手段。他們的決定首先是想防止任何個人再次獨攬大權，所以要搞一種集體領導。其次，你如何確保這種集體領導能夠懂得進退？最好的辦法就是不讓任何個人戀棧權位。

再說一遍，機制、策略、技術、方法──所有這些都是從西方拿來的。英國議會實行的是五年任期，美國是四年制，澳大利亞是三年一屆。所以中國基本上採取的是英國的做法。從美國人那裏，他們採納了兩個任期制。他們附加的唯一一樣東西，在西方找不到的，是年齡上限。這是新的，是由鄧小平提出來的。沒有人在超過七十歲後還應該幹下去。這是江澤民圈定並加以實施的。他過了七十歲，所以他不得不下台。所以現在所有對個人政治生涯的算計都圍繞着這樣一個問題：「我到什麼歲數可以當上國家主席？」，或任何一個你當作奮鬥目標的職位。

黃　所以，不滿六十歲就應該當上國家主席。

王　是的。如果你到六十歲還沒當上的話，你就錯過機會了。你看，這些就是技巧了。並沒有任何原則在背後。每個人都可以算出來的：「好吧，這兩位都在六十歲以下，他們能幹十年。我們先把另

外五個年紀比較大的放在前面，這樣他們只能幹
五年。」現在，在政治局常委會中，我們事先就能
知道，其中哪兩位可以繼續幹十年，另五位幹一
屆就得下去了，還能知道有五個新人等着接他們
的班呢。

在許多方面來說，事情變得更加可以預測了。中
國的機制比西方的任何選舉都可測得多。例如，
在美國，誰將會是下一屆共和黨領導人、誰將成
為總統候選人，這裏面有很大的不確定性。而且
中國也無需像美國那樣在選舉上大撒金錢。目前
的中國體制規避了這一點。現在我們有習近平為
主席、李克強為總理的兩個任期，我們知道（政治
局常委中的）其他五位將會卸任。[2]一旦運作的規
則定了下來，那麼你就可以按這套規則辦事。

中國人似乎意識到，現代性是一套得自於西方科
技的技術，它已經完全被西方人當作規範接受下
來了。現代性如今也成為中國人生活的一部分，
而且頗有成效。再說一遍，現在缺少的是靈魂
——情感、人性的一面。

全球性即海洋性

159　黃　您談的是二百多年來文化本質之「體」與實踐手段
之「用」這二者間的辯證法，不是嗎？在熟練掌握

「用」的過程中，「體」似乎迷失了，或者說彰顯不出來了。

王　這是因為中國人花了好長時間來摸索其「體」何在。他們丟棄了原來的「體」，嘗試找個新的，然後失敗了！但「用」呢，他們掌握了。所以現在中國得找「體」了。有意思的是，在他們一開始遭遇西方勢力、嘗試改革帝制時，他們所說的，並且以最大的信念去做的，是「體先於用」。在掌握「用」的時候要守住「體」。但是「體」實際上被拋棄了，他們想找東西來替代。如果用機械術語來形容，就是他們想換心。這行不通！所以現在他們試圖修復它。他們發現心是無可取代的。

你無法避免採用那些技術和方法──否則你無法生存下去。沒有來自西方的「用」，社會和國家都無法生存下去。所以在這個意義上說，用馬凱碩的「大融合」（Great Convergence）概念，就是所有這些方法都要融合在一起。但是，在這一切的底層，每個文明和文化都想要保持自己的心跳。無論是伊斯蘭教還是佛教都沒有關係──他們都想保留點自己的東西，因為這才是應有之義。

如此所面對的挑戰是，我們如何在擁有這一切方法和技術的同時仍然保持初心？如果我們做不到，那我們如何找到新的方法來糅合或合併兩者，使兩者能夠共存？人們是可以做得到整合兩

者的。西方在某種程度上就是一體化的結果。西方並沒有像別人那樣清楚地表述其體用之間的衝突。那種衝突在別處是顯而易見的。

所以當你談論西方與其餘地方的對比時，我所理解的最大區別是：西方是體用合一的，其他地方都不是。其他地方的人都在努力去匹配那些方法，但卻不想要西方的精神。至少，他們對西方精神感到不舒服，想保留自己的。與此同時，西方想推銷的是整體打包的產品，而其他人想購買的只是其方法。

對於亞洲，對於東亞，對於我們這部分世界來說，這個緊張局勢會繼續存在。對於我來說，我對日本這個例子有巨大興趣。日本領先於亞洲其他國家。中國人可能會對日本人有各種負面說法，但實際上他們知道，日本人領先東亞文化。日本在完全接受西方技術的同時，儒家及佛教思想也混合存在着。他們仍然保持日本的思維方式——儘管這種思維方式有可能維繫下去也可能維繫不下去，長遠而言可能奏效也可能不奏效——但他們是在全力以赴，並且卓有成效。日本人沒有任何不像日本人的地方，但他們對西方技術的掌握是原原本本的。在亞洲，沒有哪個國家的人比日本人更了解西方，但當你遇到一個日本人的時候，你真切地知道他絕對是個日本人。

所以中國人說：「為什麼我們不能像他們那樣呢？」事實上，我認為中國那些聰明人會說：「是的，我們還是可以像他們一樣，採納更多的技術和方法，如民主和人權，而不必改變我們的精神。」西方會說：「那不行！如果你採納我們的人權理念，你必須整體採納。」對此，中國人回答說：「好吧，也許行，也許不行，還是讓我們看看能做些什麼吧。」

民主這件事，他們肯定可以當作一種技術來使用。日本人已經採納了民主制度，但這並未改變他們彼此相處的關係。也許民主精神因地而異，但他們的技術是絕對的。他們在現身說法。新加坡是另一個很好的例子，我們採納了技術，國家像英國議會制度一樣運行。所有的規則都恰到好處。

161

所以中國人也對此感興趣：「如果你們做得到，我們也可以。日本人能做的，我們也能。」那麼現在，中國該怎麼做呢？中國人口眾多，他們的不平等不僅僅是收入上的不平等，還有高科技領域的先進人口與農業人口之間在技術上也是不平等的。所以你不能只談收入的不平等，那只是其中一項。那種在現代性的理解上的不平等，那種差距，在中國是非常懸殊的。新加坡的情況就不是這樣的，日本當然也不是這樣。當差距沒有這麼懸殊的時候，你就萬事俱備，只欠東風了。

精神方面是另一回事。日本對於中國人來說是個
更好的例子。新加坡則不然，因為新加坡是個多
文化、多語言的多元社會。在新加坡並沒有唯一
的精神，有很多彼此看不慣的小的競爭對手存
在，但他們能夠擱置分歧、專注於機制。然而在
日本，現代技術與日本人的思維方式整合起來了
——我相信中國人也想變成這樣。這是真正的挑
戰、真正的考驗。

現在，如果我們回到原來的討論上。大陸與海洋
之間的平衡只是另一種觀察事物的方式。中國人
必須適應全球性是海洋性的這一事實。歐亞區如
今不是全球性的；它是大陸性的。幾千年來，中
國一直是大陸性的，對海事的關切總是被推到次
要位置。現在他們必須面對現代的全球性是一種
海洋現象的現實。所以他們採用的技術帶來的一
個新視角，也就是如上所說的全球視角。這對於
中國人來說是一種全新的體驗。過去，中國痛苦
地意識到歐亞區的全球性——如果我可以在此用
這個詞來形容的話——而他們自己在其間是個局
外人。中國曾處於這個大陸擴張的邊緣，蒙古帝
國是其巔峰時期。

毫無疑問，在面對強勢的歐亞勢力的時候，西方
也曾是個局外人。但憑着其海上力量，西方打造
出了自己的全球性。如果不是向海上發展，他們

就不可能成為全球霸權，揚帆弄潮是成為全球霸權的秘訣。眼下中國人還不知道該從何做起。他們正着手學習，但還剛剛開始。當中國開始留心這件事的時候，其他國家都紛紛跳了出來。

黃　是啊，中國被指責為搞帝國主義。

王　其實是沒影的事！對我來說一目了然，這事與搞帝國主義無關。中國人只不過是開始意識到必須向海上發展了。要成為全球化世界中的一個現代國家，要面向全球，你必須留意海事，否則你就輸了。現在大家看中國海軍，注意到它還是相當不起眼的。但不要忘記，中國擁有世界上最大的商船船隊。為什麼？因為他們有這個需要，為了貿易，為了推銷他們的貨物，為了帶回資源。否則他們就發展不起來。整個經濟發展模式使他們逐漸明白，是海洋——不是空氣，也不是土地——是全球經濟的秘密所在。當然，他們在內陸也在修建鐵路，但那並不能將他們與全球世界連接起來。如果只立足於陸地，他們就永遠不能走向世界。

163

黃　非洲就在這時浮現了出來。

王　還有拉丁美洲，甚至還有歐美。中國的商船很重要。他們不能依賴別國的商船。當發現中國商船是世界上最大的船隊時，我為之一動。[3]他們一直在默默地建造，因為他們有此需求。

中國人很擅長造船。香港的船運業者是上海來的，上海人從事船運頗有歷史了。來自福建、浙江、舟山，及寧波的商人也都參與其間。但都受到中央的牽制。鄭和下西洋就是一個很好的例子。其航海能力已經具備，但中央的世界觀阻礙它的運用。中央政權一心只想在北面建造長城。

作為中國新任國家主席的習近平到訪俄羅斯，這意味着什麼呢？我認為這是為了一種平衡。江澤民在任時去過美國。其實他們是在提醒自己的人民，大陸仍然存在，他們對大陸的掛懷也是實實在在的。

這裏你就看到美國所具備的很大的優勢。美國是舉世無敵的大陸國家，同時又是一個雄霸兩個甚至三個大洋的海上力量。中國是個大陸國，但它有很多敵人——大陸上的敵人，千年宿敵。他們總是腹背受敵。而現在，當中國想成為全球經濟的組成部分時，他們如何捍衛巨大的海洋利益呢？他們必須擁有海軍。僅有商船是不夠的。事實上，由於他們只有海上商船而沒有海軍實力，所以被人説成是搭順風船的。我猜想這是真的，中國實際上真是搭了不少順風船。所以美國人一直在抱怨。但話説回來，為了參與海上防禦，中國需要一支真正的海軍。但美國人又不希望如此，因為這對他們構成威脅。所以這一切都充滿矛盾。中國人則指其虛偽。

164

自鴉片戰爭以來，海上包圍圈就已成為打擊中國的戰略。英國人就是這樣做的。畢竟，全球勢力的本質是海洋性的。但中國該如何應對呢？在早期他們是閉關鎖國，但眼看着被攻破了。所以知道那不是出路。解決之道是參與到全球進程和全球經濟中來。但如果你沒有海軍，你就沒有討價還價的籌碼。你只能對擁有海軍的國家低聲下氣。

我們知道，中國先是在英國和法國海軍鼻息之下苟且了大約五十年。到了十九世紀末，他們又開始受日本海軍的氣。這三支海軍摧毀了中國。海洋完全掌握在別人手中。中國人想收復而不得。如果你看看從1895年，即新建的北洋海軍被打垮的那一年，一直到1949年，中華民國、軍閥、國民黨，都因為沒有海軍而無可奈何。整個那個時期，中國都是完全無助的。

正如我在不同場合指出過的那樣，解放軍是一支大陸性的力量。他們一艘船也沒有。解放軍的勝利完全是在陸上戰場取得的。這是中國傳統的戰爭方式，與清朝或明朝時沒有區別。所有戰事都發生在陸地上，沒涉及一船一艦。

黃　解放軍也沒有空軍，那本來可以攻打敵艦的。

王　是沒有，沒有空軍。在東三省解放軍從俄國人那裏得到了幾架戰機，但那是很晚的事了。解放軍實際擁有的第一艘軍艦是國民黨投誠過來的。再

165

説，國民黨的軍艦還是美國人隨手送給他們的二手貨呢。

中共那時怎麼訓練海軍呢？從1949年中共上台——完全靠陸地上打了勝仗，我必須再説一遍——緊接着從毛澤東掌權到鄧小平時代這三十年間，世界上所有的海軍力量都在聯手對抗蘇聯。在冷戰時期，蘇聯是歐亞勢力，美國及其他國家則是海洋勢力。結果誰贏了？蘇聯無法突破海上封鎖。他們有海參崴（符拉迪沃斯托克），但那地方位於北方偏遠的一隅。在世界的另一邊，他們被波羅的海、黑海、地中海和北極區團團圍住。所以，蘇聯仍然是純粹的歐亞國家。

現在中國可能會陷入同一境地。但與俄國不同的是，中國擁有暖水海岸。中國是世界上除美國以外，唯一一個既屬於內陸也屬於海洋的國家——這是美國人非常清楚的一點。唯一的國家！印度呢，也算是，但印度不是大陸國。印度一直是周邊性的，因為有喜馬拉雅山。他們總是在西北邊界失守，眼看着入侵者從那邊湧入。

但中國是不同的，他們是能夠稱雄大陸的，儘管過去中國一直將大陸勢力視為威脅。為此他們還建造了長城來保護自己。實際情況是，他們在某些方面易攻難守的脆弱是印度所沒有的。印度人的死穴只在經由阿富汗—巴基斯坦的一條狹窄的路線上，別無可憂。但中國一直是門戶大開的。

中國必須是大陸強國才行。印度人則真的不必如此。這就是為什麼人們稱印度為次大陸，自有其原因。中國就是大陸性的。但它現在想要平衡一些。這就是為什麼美國對中國人謀求海權的舉動非常關切。

166

但美國令人難以企及的優勢就是，他們可以自如地全身心集中在海上力量。所以當奧巴馬總統說向亞洲「掉轉」時，他的意思只是海軍力量。美國海軍力量的「前沿防衛」能力相當難以匹敵，中國是無法抵擋的。中國所能做的就是確保，在沿海地區和在日本與東南亞中間的海域，他們能有一些發言權。而為了這一點，中國將付出代價。每一方都會加入合唱，說不允許他們這樣做。所以他們陷入了一種糟糕的境地。

2013年3月習近平出訪俄國，這在某種意義上具有象徵性。但他也去非洲。為什麼？這是在提醒一個事實，即商船和海上通航確實是至關重要的。去俄國是在提醒中國歷史的大陸路線，去非洲三國則是說：「我們也是全球性的，我們想成為全球經濟的一部分。」

那次出訪是一種平衡。我在嘗試領會箇中意味。從象徵意義上看，說明愈來愈多的中國人意識到，如果他們想要成為一個全球性的玩家，那麼海上公信力的匱乏是非彌補不可的一個缺陷。而且，如果美國人要求中國扮演全球性角色的話，

那麼中國在海上一無所有就不可能做到。所以美國人也被問住了。當他們要求中國人更多參與國際事務的時候，他們在告訴中國人要做某些事情，但與此同時他們又不希望中國人做其他某些事情。於是中國人會說：「你想我們成為G2夥伴，諸如此類，所以我們必須有能力做你所做的事情。」[4]但美國人說：「不，不，我們不是這個意思。」美國想要中國人在伊朗和朝鮮問題上幫助他們，但不希望中國插手其餘的事情。中國人說：「這樣可不是夥伴關係啊。」這就是為什麼中國人回絕了G2的想法，不是因為他們對美國人有敵意，而是因為這麼做沒有意義。美國人真正的意思是說，「我們一起做事，這樣當我們讓你們為我們做什麼的時候，你就去做唄。」當然了，如果中國人反過來要求美國人為他們做點什麼，那麼美國人可能就會說：「啊，但那不符合我們的利益。」

黃　美國人想要另一個英國。

王　在某種程度上，是的。中國人知道所謂G2並不是那麼回事。它其實是G1½。

中國的大陸前線

黃　說到這兒，我們是否先來看看中國現在的陸地邊界？或許我們還可以探討一下中國人為什麼對西藏和新疆問題這麼敏感。

王　　他們的內陸邊界非常脆弱。新疆人與哈薩克斯坦
　　　及其他國家的突厥人有千絲萬縷的關係，而西藏
　　　是中國與印度之間存在的一個爭議話題。印度有
　　　超過十萬藏人聲稱自己的家在西藏，印度政府不
　　　給他們公民資格，現在他們在那兒已經是第二、
　　　第三代了。這些人在印度學校接受印度教育，他
　　　們有着印度人一樣的世界觀。所以中國人怎麼會
　　　忽視這一情況呢？印度人也知道這一點，長久以
　　　來這個問題一直是雙方關係緊張的一個根源。

　　　並沒有簡單易行的解決方案。中國人在西藏投入
　　　了大量兵力，印度人在邊境也重兵把守。這就是
　　　現實。我不認為他們會打起來，因為在那兒幹一
　　　仗是荒唐的事。沒有意義，只要有助於保持現狀
　　　就好。這就是中國人所要的——保持邊境的現
　　　狀。但中國人保持現狀的代價是非常高昂的。幸
　　　運的是，與蒙古的邊境並不存在嚴重的問題，並
　　　且我也不認為俄國人會在這個時候希望以任何方
　　　式改變局面。中俄彼此並不信任，但他們相對來
　　　說比較容易搞好睦鄰關係。任何一方都不會從製
　　　造麻煩中獲益。不穩定因素在突厥民族方面，穆
　　　斯林方面。

黃　　緬甸及其驚人的改革呢？中國人會擔心嗎？

王　　當然，現在情況正在發生變化。中國與緬甸關係
　　　不錯，但他們一直都意識到，緬甸在挑動中國與
　　　印度作對（編按：較為準確的說法是，緬甸在與中

168

國政府保持良好關係的同時，也重視與印度等其他大國的關係，以減輕對中國的依賴）。這一點一直很明顯。

我認為緬甸被中國人欺負這種說法太誇張了。緬甸人非常巧妙地挑動一方與另一方作對。在某種程度上，緬甸就像北韓，非常機靈，非常獨立。緬甸人當然也是這樣，他們是非常獨立的民族。自從西方對其實施制裁以來，緬甸一直在恪守自己的利益。所以他們轉向中國。他們也轉向印度，而且印度人很快就作出了回應，所以與他們的關係也很好。現在緬甸成功地把西方也引進來了。這樣一來就全面改善了緬甸的談判地位。當然，這樣做也使得緬甸的領導面對更為複雜的局面。昂山素姬如果當上總統（編按：在政府內獲得實際權力），其執政將會經歷一個困難的時期。[5]

中國人一直深知印度人在緬甸非常活躍，他們知道自己對此不得不適時調整，知道這只是個時間問題。中國可能會對此感到不適，可能會非常不快，他們的一些項目還在緬甸擱置着。但中國會很快進行調整的。這又是一件很現實的事情。他們幫緬甸人建了一個港口，但他們真正感興趣的並不是港口本身，而是從中東鋪到雲南的石油管道（編按：已建成的石油管道是從緬甸皎漂港至中國西南內陸，從中東至皎漂港需經油輪運輸），中

國人關心的是中緬油氣管道的沿途安全。我覺得這才是中國真正的興趣所在，但這與地緣政治毫無關係。如果緬甸政權穩定，那一切都沒有問題。中國人怕的是那裏政權不穩定。如果軍方排斥昂山素姬，對吳登盛與西方修好這件事改變了主意，內戰或爭鬥一旦爆發，各族群開始渾水摸魚，那種局面肯定會令中國擔心。在某種程度上，這就像新加坡寧願蘇哈托做印尼的統治者。至少那三十年裏你知道誰在控制局面，這樣你還可以做生意。蘇哈托下台之後，事情可就變得複雜得多了。

在緬甸，中國人習慣了這群軍人，剛剛學會跟他們做生意。雙方知己知彼，可以一起計劃。但一旦事情放開了，就會變得不確定得多。我想這就是中國人擔心的地方：「誰來保護管道，我們怎麼才能放心？」如果昂山素姬上台，她真的可以控制得了這個國家嗎？我不認為他們反對昂山素姬；他們只是懷疑她的執政能力。軍方真的能讓她掌權嗎？棋行險招的時候，他們會向她交出多少權力？尚不能確定。西式的做法開闢了很多可能性，但也帶來了很多不確定性。甚至連西方也有不確定性。人們正湧入緬甸，躍躍欲試地要支持緬甸境內各路民主力量，但誰知道國家將如何實際運作。

黃　　日韓在緬甸也很活躍。

王　哦，是啊，當然了。但是，我認為，中國對他們並不擔心。如果緬甸經濟真的有起色，對中國來說也是好事，那樣緬甸人就會買中國貨了嘛。畢竟雲南與緬甸相鄰。如果緬甸真的做得好，印度就會受益，所有人都會受益。中國人擔心的是事情會再次令他們感到不安穩。一旦軍方開始有所動作該怎麼辦？他們並沒有就此消失，他們或許只是改變了戰術。

　　此外，印度洋是一個戰略重地。例如，位於馬六甲海峽最北端的檳榔嶼突然在地緣政治上變得更為舉足輕重了。弗朗西斯・萊特（Francis Light）很有眼光，他選擇了一個建港口的好地方。從海的對面望過來，檳榔嶼很理想。從南海上看，新加坡有優勢。但事實是，中國人不再僅僅依賴新加坡，他們還想在孟加拉灣也有說話的份兒。再強調一下，中國對港口的興趣又是出於商船而不是海軍。

　　每個人似乎都在盯着海軍。那不對。商船的規模及其能量才是有意思的地方。他們正在斯里蘭卡、孟加拉國和緬甸建造港口，他們都是連在一起的。

黃　大英的「東方明珠」諸島如今轉向別處了嗎？

王　那不再是一串珍珠了，因為它們都分屬不同的國家了。他們不是中國人的，中國人只能進入，無論是屬於緬甸、孟加拉國，還是斯里蘭卡。中國也想進入屬於印度的地方，但印度人不允許。事

171

實上頗為諷刺的是，斯里蘭卡先是邀請印度人為
他們開發港口。印度人回絕了，因為港口靠近賈
夫納（Jaffna），而當時正處於斯里蘭卡內戰期間，
對於很多泰米爾人遇害的事，印度人非常敏感。
所以當斯里蘭卡政府向印度提供港口建設項目
時，作為一種地緣政治的舉動，印度人回絕了。
於是斯里蘭卡人就求助於中國，並得到了首肯。
當然這件事引起了印度的不快。

孟加拉的吉大港（Chittagong）是另一種情況。它位
於孟加拉國與印度相距甚遠的地方。吉大港靠近緬
甸邊界，在緬甸的若開（Arakan）附近，若開是一個
政治上非常敏感的地區。中國人在那裏有港口。
再一次，他們心裏裝的是未來的事，同時他們也非
常小心。他們不想完全依賴於哪一個國家。他們
擁有的石油管道越多越好。何必要一棵樹上吊死？
印度的另一邊是巴基斯坦的瓜達爾港（Gwadar），
由中國人管理着，那裏會與新疆連接起來。這也是
讓印度人感到不快的。新加坡國際港務集團（PSA）
經營該港口三年，直到2013年。這是一項賠錢的
風險投資，無遮無攔地暴露給敵視外國利益的俾
路支省（Balochistan）。PSA後來放棄了這個項目，
巴基斯坦於是把它交給了答應接手的中國人。

我們看到是一串珍珠嗎？你可以這麼說，但事實
並非真的如此，還是要就事論事，並且與軍事戰
略無關。

黃　如果我們現在轉過來看中國在東亞的海洋處境，會感到有一件事真的非同小可，那就是1894至1895年中日首次軍事衝突竟然是在海上。

172　王　日本像英國一樣是個島國。它沒有辦法成為一支大陸勢力，所以從來不是歐亞故事的一部分。日本是真正的局外人。

日本人當然知道，1839至1842年第一次鴉片戰爭，英國人打敗中國人靠的是先進的戰艦。然而，駛入江戶灣的黑船可是美國人的。美國人當時想進入中國卻不得其門而入，轉而去了日本，強迫日本人開放門戶，那是1853年（即黑船事件）。英國人，還有法國人，對日本從來沒有興趣。在緊接着對中國的第二次鴉片戰爭中，英國和法國再次制服了北京。日本人將這一切看在眼裏，意識到一個新世界的曙光正冉冉升起，而那是一個海上爭戰的世界。作為「島民」，他們意識到這一轉變的意義。中國人則沒有意識到。

在甲午戰爭之前的那些年裏，中國對海事仍反應淡漠。他們對帝國的控制信心滿滿。例如，清朝幾乎把全部精力都花在了對付太平天國的叛亂上，剷除捻軍、壓制雲南的穆斯林，並在新疆與穆斯林打了一場重大戰役。這些戰爭持續了十到二十年的時間，奪走數百萬人的生命。那時候，他們是在陸地上爭戰。平息太平天國的戰爭是一場險勝，但北京還是贏得了每一場戰爭。[6]

清朝在海上吃了敗仗，都是抵禦外國入侵的戰爭。然而他們沒當回事：「沒錯，我們沒有海軍。不過，外國人不會真敢打進來吧。」說的當然沒錯！外國人是不敢打進去，實際上他們想要的只是沿海。所以中國人一直躊躇滿志，直到他們意識到這事不僅僅是幾艘船艦的問題。一旦你有戰艦，並且像日本人一樣近在眼前，你就可以登陸。

英國和法國遠在千里之外，美國也是如此，所以沒有什麼可怕的。但如果日本人在海上打敗中國，他們的軍隊就可長驅直入中國的土地。台灣就是這麼輸給他們的(1895)，對朝鮮的控制也會很快失去(1910)。這時中國人才恍然大悟。但此時他們已經落後日本四十年了。從1853年黑船登陸日本的那一刻開始，日本人就在計劃海軍革命，派出最優秀的年輕人到英國學習。

173

中國與軟實力

黃　我想聽您談談「軟實力」(soft power) 這個概念，以及它跟我們剛才的討論是怎樣一個關係呢？

王　「軟實力」這個詞很難解釋。我不能說我完全理解了它應該是什麼意思，或者不應該是什麼意思。對「軟實力」存在不同的理解，主要分歧出現在它與被理解為「硬實力」的軍事力量的區別上。但我不認為這是約瑟夫·奈 (Joseph Nye) 的意思。[7]他

認識到,「硬實力」是比軍事力量更大的概念,還
有政治影響力和經濟實力的意味,而「軟實力」是
除此之外的那些。「軟實力」是文化價值觀、理
想、原則、夢想,是事物的人本主義的一面。儘
管約瑟夫·奈無法將「軟實力」線條分明地勾勒出
來,但他根本的洞見在於——據我理解也是對約
瑟夫·奈的「軟實力」一詞的主要詮釋——在軟實
力的背後一定有硬實力。換句話說,你沒有硬實
力就不會有軟實力。另一個解釋是說硬實力是個
壞蛋。孤立來看硬實力——即人們理解中的軍事
力量——其他一切都可被視為軟實力。那軟實力
就包括了經濟實力,企業就成為其中的一部分。
這是兩種截然不同的解釋。人們在這一點上莫衷
一是。

174　　我的理解是,問題的癥結是對財富的看法。如果
你是個馬克思主義者,你會認為經濟實力就是一
切。權力的基礎是經濟,可持續的軍事力量完全
是建立在經濟實力這個基礎之上的。你可以有些
軍事力量,但除非你有經濟實力,否則你的軍事
力量不可能持續下去。

現在,如果經濟實力也是硬實力的話,中國就沒
有任何軟實力可言。但如果經濟實力是軟實力的
一部分,那麼,是的,中國確實有不少軟實力。

如果你看看中國人如何使用這個詞,你就會看
到,他們試圖將「軟實力」與軍事力量分開而論。

國際關係，戰略研究，軍事力量和國防——這些都是硬實力。其餘的一切都是軟實力。投資、生意部署，和貿易都是軟實力。這也是中國能使用軟實力這個詞的唯一方法，因為如果你談的東西超過了上述那些，中國真的沒有軟實力。

現在，日本和韓國人在財富之外都有軟實力可言。但軟實力的背後總有財富。我認為約瑟夫·奈並非假裝沒有這回事。如果你仔細讀一下他的書，他真的是把財富和實力想當然地相提並論的。財富和權力是硬實力的基礎。他所說的是：這些長遠而言並不重要；最終事關重要的是你的影響力和你的軟實力——美國就有充分的軟實力。所以不要只強調美國的硬實力，美國很多實力屬於軟實力。但他意識到，如果沒有財富和軍事力量，這種軟實力是不可能有的。所以財富和軍事力量可能是不可分割的。一旦你將財富視為權力的一部分，中國的軟實力論就不能成立了，所以中國人不想這樣看待軟實力。

我仔細閱讀了中國在軟實力方面的論文，他們所有人都談做生意。做生意是軟實力，它不是硬實力：「我們不用槍；我們不用堅船利砲。我們對外施展的是『軟』性的，因為我們是來做生意的。」這是一件有爭議的事情。我不是教條，但中國的情況取決於對軟實力的定義，要包括貿易部署、商務、和商船貨運。我不是很確定我的理解是否正確。

175

黃　他們用的中文詞是什麼？

王　「軟實力」。身段柔軟的「軟」，很簡單。但緊接着
他們用「實力」來指代原本也有「權力」之意的
power。所以即使在中文裏它聽起來也是矛盾的。
中國人繞不過這個譯法，因為他們並沒有發明這
個概念，只是翻譯過來。你如何避免使用實力？
實力真的能是軟的嗎？如果是軟的，還是實力
嗎？這是些矛盾的字眼。

約瑟夫·奈真是絕了，竟提出「軟實力」這種可能
性。在某種程度上，它完美地折射出西方文明的關
鍵點，也就是傳教那部分。那部分一直被認為是帝
國主義的柔性一面。文化帝國主義一直是與帝國主
義分開而論的，因為它是柔軟的一面。但是，它畢
竟還是跟帝國主義的旗幟走的。沒有大旗可拉的
話，傳教士們的事功就不會那麼容易做了。

這麼說來，真正的軟實力，軟實力的最高標準，
是佛教。一群僧侶來到中國，從印度，從中亞，
從信仰上轉變了整個中國，轉變了整個東南亞。
不用一槍一彈，甚至也不用金錢，不是基於貿易
的行為。如果有人想定義「軟實力」，那麼佛教的
傳播不可否認就是了。

基督教的傳播背後有槍。伊斯蘭教也是以好鬥為
標誌。約瑟夫·奈是說軟實力是他基督教背景的
一部分：「總有一些東西與槍什麼的毫不相干」。

這話在某種程度上也是實情。畢竟，天主教會派　176
遣了很多神職人員到蒙古帝國，他們手無寸鐵。
但他們也沒能讓多少人信了上帝；在沒有財富和
權力做後盾的情況下，他們就不是很成功。當他
們成功時，你總會在他們身後看到財富和權力的
影子。

我早年認識的那些改信基督教的中國人，大多是因
為基督教與成功有關而信上帝的。中國人是非常現
實的，就像歐洲人一樣。歷史上歐洲人的改宗，
通常都是國王一馬當先，通過改宗來鞏固權力；把
教皇爭取到自己一邊。這給他們打敗惡鄰提供了
一個額外的維度。教皇在你一邊，上帝在你一邊
嘛。精神上的感召力在於如何能增強軍事力量。

約瑟夫．奈所理解的可能是與實際權力的結合。我
認為他對此了然於胸——即軟實力不能靠一己之
力存在，它是更高權力的延伸。但是中國人正試
圖反過來解讀它。這就是為什麼我覺得這事難以
論斷。中國有受佛教教化的經驗，他們知道軟實
力是有可能佔上風的，佛教就曾徹底地佔了上
風。佛教無論傳到哪裏，真是所向披靡，除了在
印度。在印度，佛教被印度教及各種其他教派給
摧毀了。對於那些相信奎師那（Krishna），毗濕奴
（Vishnu）或羅摩（Rama）的人而言，佛陀是最危險
的競爭對手。佛陀得人心就是他們失人心，所以
他們反擊並摧毀了佛教，而且他們出手很不留情。

黃　這麼説，佛教沒有怎麼融入到印度教裏面嗎？

王　佛教被摧毀了，佛寺等等都被毀掉了。事實上，
那爛陀寺（Nalanda）到底是被穆斯林還是印度教徒
摧毀的，這事一直沒有定論。印度教徒指責説是
穆斯林幹的，但我們找不到相關記載。我們所知
道的就是，整個寺廟毀於一旦。但當時的情況已
經很清楚，有一幫印度教徒四處破壞佛教。我們
有印度教徒發動這場運動的確鑿記載。包括耆那
教（Jains）在內的不同的印度教派都群起而圍攻佛
教徒。需要解釋一下的是，所有許多其他教派都
在印度倖存下來，除了佛教。

黃　……而佛教在其他地方就一直很強大。

王　那時未曾有過軍事介入。今天的佛教徒可能會出
現暴力傾向，那是因為現在他們成了國家的一部
分，成了財富和權力的一部分。但在此之前，佛
教完全只是一種宗教意義上的訊息（message）。我
認為沒有人會否認這是一種軟實力。

黃　但是，絕大多數其他宗教信仰難道不也具備某種
超乎財富和權力的東西，並且能用這種東西吸引
基層民眾嗎？

王　很難界定。有些情況很簡單。伊斯蘭教的傳播與
阿拉伯人走出沙漠、征服天下有關。那是最初的
推動力。但是，如果你看一下有些伊斯蘭教的皈
依，所使用的手段都是非常簡單的。許多馬來人

皈依伊斯蘭教是因為他們的統治者皈依了。但他們當中許多人從未真正皈依過，很多是直到最近才真正了解伊斯蘭教的，這種影響來自沙特阿拉伯和伊朗革命。

馬來人過去對皈依改信這種事非常隨意。他們皈依伊斯蘭教可能是非常簡單的事。很久以前在沙巴（Sabah）時，我曾遇到過這種事。我當時去了位於沙巴州內陸省的根地咬（Keningau）鎮的一個地方。該行政區的地方官員是個天主教徒，他帶我去走訪一個村子，並給我介紹這個村子如何成了穆斯林村，而其周圍的沙巴人要麼是天主教徒，要麼是泛靈論者。原來，在戰爭期間，一個文萊的馬來人為躲避日本人跑到這兒來了，他在文萊犯了什麼事，所以就到了根地咬，躲進這個村子裏避風。村民們並不介意。他們就看他每天都做什麼：他禱告、淨身，做些很簡單的事情，不吃豬肉，別無所求。他們感到好奇，就問：「你做的是什麼？為什麼這樣做？」他就解釋給他們，談到了真主、穆罕默德，等等，以及他如何禱告，說禱告是與至高的存在相聯繫的一種手段。於是，出於對他的敬重，以及把他視為聖人，整個村子都皈依了真主。

黃　他肯定是散發着真誠的人。

王　絕對是精誠所至。全村都要他教導他們。村民們

跟隨他,在他們自己眼裏,他們都是穆斯林了。沒有阿訇,沒有禮拜寺。這個人也沒有房子,就是自己禱告。最終他們建起了一座清真寺。

而那位身為天主教徒的地方官員對此事很感興趣,因為天主教來傳教時,他們要求你放棄這個、放棄那個,要求你必須學習這個、必須記住那個,以及各種儀式——都是在你獲准加入天主教會之前必須要做的各種繁複的事情。而對另一種宗教來說,只要你禱告五次,淨身,口念安拉是你唯一的真主,穆罕默德是先知,不吃豬肉,你就是個穆斯林了!

179 黃　夠簡單的。

王　整個村子後來一直是穆斯林。所以這不僅僅是統治者單方面的問題。有一個精誠所至、金石為開式的簡單訊息。這就是個軟實力的例子。

我認為基督徒也有這種軟實力。但基督教具有伊斯蘭教所沒有的傳教事功。穆斯林不涉及專門的傳教工作。基督徒就有。他們要出去通過以身作則等等來轉化他人的信仰。這是一種使命。在伊斯蘭教裏,這種工作甚至沒有必要。我已經開始去了解伊斯蘭教是如何在非洲傳播的。那可不是通過戰爭。許多人是在叢林裏皈依的,特別是西非地區。也不是通過軍事力量,沒有爭鬥。有些人就是信了伊斯蘭教,而且人數不少。

軟或硬的實力在一個範圍內位移。我認為只要中國人認為商業和做生意不算是硬實力，那麼他們就會認為他們在軟實力上做得不錯。

現在，另一件對我來說非常重要的事情是，中國人在創造財富方面一直都是成功的。創造財富、專業技能和製造，都是中國文明之所在。這是儒家管理的創富文化。儒家本身很可能並不擅長賺錢，但他們通過服務於國家的政治軍事機器，將一種非盈利的方面融入了盈利的方面。

最終，財富和權力並駕齊驅。對我來說，二者過去是、現在仍是不可分割的。但中國由於國家太強勢，控制了私營企業，並希望它們為國家服務，所以商界人士從未真正得到放任自由的發展。他們總是在有限的範圍內運作。我們今天所看到的依然如此：國有企業真正受到國家的保護，被鼓動着、守護着，獲准去做更多冒險，因為如今的遊戲是全球性的。有國家在後面支持着。所以，能否稱此為軟實力，在我腦海裏是有疑問的。我認為中國人非得轉換一下說法才能闡述自己的觀點，因為國家——即硬實力——實際上在背後支持他們。中國的商界人士應該是明白這一點的，因為整個歷史上國家都是要麼替他們撐腰，要麼把他們對立起來。它要麼全力支持，要麼釜底抽薪。如果它釜底抽薪，你就徹底告吹。如果給你支持，你就近水樓台。所以商界人士學會了

跑官場，當然是陪着小心。事實上，從宋代起，士大夫就取代了擁有土地和世襲權力的貴族。這些士大夫幼時就學於商賈世家，因此與商人有更積極、更合作的關係。而商人只要不越雷池半步，只要認識到士大夫的地位遠尊於商，只要不做任何挑戰其地位的努力，只要能小心維繫這種關係，那每個人都從中獲益。這就是歷經宋、明、清一路演進下來的情形：商賈與士大夫的關係變得非常密切。

我認為即使在今天，一個中國企業家，不管他起步時是多麼私有的性質，他都知道必須得與高官密切合作。而官員反過來也知道，國家要在商企的收放上掌握主動權。企業追求商業擴張、尋求資源或市場等等，都並非完全免於國家干預，國家干預實際上是非常平常的事。這愈發令原教旨主義的資本家們鬱悶了。他們說：「不不不，必須完全私有。」但沒有什麼理應如此。為什麼資本主義必須是私有的？資本主義只意味着一種有效利用資本的方式。

181

黃　例如，對於像新加坡這樣的小國來說，要做出個跨國公司的樣子，你需要國家的支持，否則你就完了。

王　否則你就完了！你早就被吞掉了。你怎麼能把國家與大型企業分開呢？如果你想開個小店，那無所謂，那你可以談得上私有。但一個跨國的大公司呢？這些跨國公司的規模比許多國家還大。肯

定地說，如果你把他們列入聯合國成員名單，他們會躋身前五十位呢。

所以，亞洲最大的銀行都是政府支持的。這就是為什麼中國進行的基礎設施建設完全依靠國有銀行提供貸款。我們這裏說的不是一兩百萬的數目，而是數十億美元之鉅。動輒幾十億美元，有時甚至涉及數千億美元。例如，修建鐵路就需要數千億美元。這些錢從哪兒來？只有國家銀行才能處理這樣大筆的資金。在這個意義上，就像新加坡政府投資公司(GIC)。一切都是在商業基礎上完成的，但背後決定進退的是國家。最後承擔保護資本之責的是國家。

當約瑟夫‧奈討論軟實力的時候，他是在西方的語境中說話。他將軟實力視為超出國家的領域。簡而言之，硬權力與國家有關；軟實力則與國家無關。現在，在中國的語境中，這種說法幾乎是不可想像的。我極不情願回溯到天地萬物之始這一類世界觀的基本差異上來，但事情就是這樣的。從西方思想來看，我們正在處理一種對萬物進行分類的分析方法。宗教、哲學、你所擁有的；一切都被定義和界定。你要麼是基督徒要麼不是。

對於中國人來說就完全不同。他們是尊儒還是信佛？事情是，他們可能什麼都沾一點，沒有關係的。他們對人生的各個方面的態度，整體上是盡可能兼容並包。而這正是令西方人感到困惑之

182

處，甚至覺得有些陰險，因為這有悖於他們對為人處世的理解。

黃　西方對確定性有執念。

王　是的。你可以看到這一執念貫穿一切。你看，西方的哲學系從不接納中國傳統哲學。沒有中國哲學，只有中國「思想」，那不是哲學。除非你遵循古希臘羅馬的傳統，否則就不能稱之為哲學。而現在，他們當然也開始教一點中國哲學了，但還是很勉強。而且他們仍然稱之為「思想」，他們還是不願稱之為「哲學」。新加坡的學府倒是稱中國思想為「哲學」，美國的院校則剛剛開始有這個跡象，但這要花很長很長時間才能見分曉。美國仍有很多大學的哲學系完全限於古希臘羅馬傳統。

所以，凡此種種，所涉及的世界觀是非常根本性的事情。這種世界觀上的根本性的不同怎麼可以就這樣被忽略或置之不理呢？它貫穿於人們所做的一切。所以，政府的性質、中國社會的性質、他們應對西方的方式、他們要塑造現代性的方式，全都是從這個包容性的世界觀出發，它並不是凡事都畫出非此即彼的一條界線來。

183　黃　……高度有機地看待事物。

王　是的，這個說法很生動。對，它是有機的。

黃　在討論兩種實力時，實際上我們不可避免地討論

的是兩種世界觀。這裏我們談到，一種世界觀的心態是包容性，另一種是二元性的。這種不同會導致一些誤會。

王　這是個真問題。這甚至影響到我們談及的大陸／海洋二分法。我在區分兩者上是非常西式的，而對於中國人來說，二者是一回事；他們也不太明白這裏面的區別。但我正在提醒我的中國朋友注意這一點，因為這是從外部而來的看法。如果你意識不到，你可能就無法把握發生在自己身上的事情的意義。

黃　我認為二元論並不一定會使事情兩極分化。這取決於你如何使兩極相互關聯。它們中間可以有一種陰陽相生的關係。

王　整件事是渾然一體的，你不能分開而論。説到這裏，想起日本這方面的例子，着實有趣，我在其他地方就沒有見到有同樣的事。比如在英國，海軍力量是很重要的。但從來沒有説海軍力量要比陸軍的力量優越。二者總是實力相當的。在美國，國防部門有時會發生爭執，海陸軍事力量之間互相較勁，但這些爭執都很小。但在日本，海陸軍事就陷入了大麻煩。你看二十世紀二三十年代的日本歷史，他們的海軍與陸軍之間的對抗是真真切切的。陸軍一馬當先，打到了朝鮮和滿洲；海軍進攻了台灣並進一步南下。他們無疑出於同樣的軍

國主義思想，但他們看待自己的方式是不同的。他們競相爭奪資源，相互之間的對抗非常嚴峻，彼此非常敵視。事實就是，他們無法共處。

一方面，日本的大名（領主）之間相互爭鬥，所以這樣一來，陸軍就有着悠久的歷史。但是日本傳統上並沒有像海軍這樣的東西。海軍力量對於他們來說是新的，而他們的新海軍有着與陸軍截然不同的全球視野。陸軍考慮的是拿下朝鮮和滿洲，而海軍卻警告他們：「不要伸得太遠。否則海軍鞭長莫及幫不到你。我們只能護送你們的部隊過海，再遠我們就愛莫能助了。」海軍的軍力不得不另有一套思路，於是這兩者從不能很好地配合。

所以在整個戰爭的過程中一直存在兩個相反的看法。例如對珍珠港的攻襲，這個決定是陸軍做出的。陸軍大將東條英機下令襲擊，海軍總司令山本五十六意識到這麼做無異於自殺，並且也這麼說了。但是他還是聽命出征，因為對於他來說，違抗軍令是懦夫的表現。所以他不得不去。但有記載顯示，他知道此去是一場災難。這是去挑釁海軍實力遠遠超過日本的美國人，因此日本遲早要完。但陸軍不懂這些，因為他們考慮的是陸戰。所以，一個國家在戰事上存在兩種不同的觀點，結果導致了災難。

黃　日本的海軍是英國人訓練出來的，陸軍則是德國人培訓的，這是否也使得他們在觀點上的分歧更形同南轅北轍？

王　是的。而更深刻的一點是，這種分歧是海洋與大陸的對比。德國人和英國人也不曾有會心的默契，現在日本人把兩者的矛盾集於一身了。它們實際上是相互對抗的——大陸思維對抗海洋思維。一個國家自己跟自己較勁，在同一個內閣中，你可以想像那種泰山壓頂和劍拔弩張的局面。

　　我不知道海陸力量在不遠的將來會如何在中國展現，但我認為不大可能出現日本所經歷過的那種對抗。解放軍絕對是一支大陸力量，海洋視野永遠是次要的。這就引出了下一個問題：這是否意味着中國海軍一直會很弱，因此不能適當地發揮作用？

　　依我所見，海軍在中國永遠會是次要的軍事力量。那麼它能否對付像美國或日本這樣的主要海軍力量、能否對付所有其他那些具備海洋思維的國家呢？中國人永遠處於不利地位。他們每次處理海事時都會失敗。無論是在釣魚島還是南海問題上，他們都不是用海上軍事戰略思維來思考，因為中國人從根本上說不是海上力量。

　　這些因素甚至會影響到我們周圍發生的事。例如，到目前為止，中國人甚至不能協調自己的海

185

岸警衛隊和漁政部門之間發生的事情。這已經被
指出過多次了。你看，他們不是從海事的角度來
思維。這種混亂對於海洋國家來說是不可能的。
日本就永遠不會陷入這樣的尷尬境地——英國或
美國也同樣不會。跟海洋相關的一切都是以一種
特定的方式進行處理的，並且是非常系統的——
清晰的部門分類、分析，並有明確的指揮鏈。中
國人沒有這些，但我認為他們現在終於開始意識
到事態了。

黃　這似乎與中國對軟實力的理解密切相關。在全球
背景下，由於有效的軍事力量是海上力量，所以
中國人甚至不可能開始對其他大國形成挑戰。但
是，由於有國家的支持，中國人在做生意方面步
子就邁得快多了，他們的發展速度在某些情況下
甚至超過了西方公司。那是中國人可以一試身手
的地方。軟實力被局限在了「生意場」，並成為他
們能玩得最好的一張牌。

王　如果沒有國家在背後撐腰，中國企業在拉丁美洲
或非洲就難以為繼。這讓我想起殖民時期東南亞
的華人移民，正好與之形成了鮮明的對比。那時
候他們背後沒有國家撐腰。他們要麼適者生存，
要麼死去。沒有國家作後盾，那些來到菲律賓、
爪哇，或是馬來半島的福建人是怎麼生存下去的
呢？你不能說那是中國人的軟實力。那是他們在
非常艱難的環境下取得的個人成功。

想想生活在爪哇、新加坡或是馬六甲的那些致富
了的華人——他們是如何做到的？他們要跟荷蘭
人打交道、跟葡萄牙人、英國人打交道……他們
簡直難以置信地務實和頑強。回顧過去，他們真
值得我們敬佩。人們現在不怎麼回味這些事，但
說真的他們真是太了不起了。他們飄洋過海，沒
有國家作後盾，自我奮鬥取得了成功。這就是北
京現在所謂的「軟」的概念所欠缺的地方。

黃　這讓我也想到歐洲遊客的旅行，經常覺得他們像
獨行俠一樣，勇於冒險，其實他們有外交使節以
及大眾傳媒等等的保護。

王　哦對，絕對是這樣！還受他們國家軍隊的保護
……實力之令人敬畏可見一斑。是啊！

黃　所以每當有西方人捲到什麼案子裏就成了全球
新聞。

187

王　絕對如此。在十九世紀的中國，當有中國人殺西
方人的事發生時，中國政府就不得不賠款。有一
樁案子是一個天主教神父遇害，法國為此出動了軍
隊。這就是為什麼我說傳教活動是有國旗開路的。

黃　我擔心今天的國際事務分析家們，甚至包括東南
亞的學者，在研究區域及全球問題時，缺乏您這
樣一個大歷史的視角，且未能以多學科的方式看
問題。他們很容易順理成章地陷入到「抨擊中國」
的潮流裏去。

王　很常見的現象。我見得多了，無論在澳大利亞還
　　是在美國。往往是一整套國際關係、戰略研究，
　　及其他語言都一哄而上。尤其是如果我們讀的是
　　英語的話，今天的主流觀點就是英美的。這裏面
　　自有道理。一個人被畫地為牢，掙脫不得。連中
　　國人也陷進去了。他們派出最優秀的人才、最出
　　類拔萃的學生，去研究國際關係，然後這些人學
　　成歸來後就用那些假定的理論。

　　他們現在確實意識到了，並且試圖從中學習。清
　　華大學的閻學通就是一個很好的例子。[8]他被派到
　　加州大學伯克利分校學習，對所有可以學到的新
　　知識如飢似渴。他學有所成，美國人很喜歡他。
　　回國後，他試圖用他從西方學到的東西說服中國
　　人。但多年來，他意識到，其所學不符合中國所
　　面對的現實。那套語言——並不僅僅是現實的問
　　題——實際上並不能描述中國的現實情況，實際
　　上是針對其他某些特定的權力情況而建構的。當
　　中國的情況不符合那套理論的時候，那套語言就
　　會把中國人要麼當成壞人，要麼視為弱者、從屬
　　方，或隨便什麼。結果是驢唇不對馬嘴，總之反
　　映不了現實。

　　於是，閻學通回到故紙堆裏重讀中國歷史。如今他
　　正回歸中國戰國時期的那套語言。他想把中西兩套
　　語言結合起來，不是很見效，但他在嘗試。我給他
　　的嘗試打滿分。他完全是在共產中國和冷戰中長大

的，並已吸收了那一切。現在他溯本追源，意識到有一種不同的看待事物的方式。我並不知道他會如何設法說服人們，但這一切都很有意思。

西方和中國政府都在看着他，閱讀着他的著述。沒人知道他會不會成功。但你可以看到他遇到的問題。整套國際關係的語言就是這樣，亞洲任何研究國際關係的人都會有英美式的世界觀。這是擺脫不掉的。你想擺脫，他們就立即從西方歷史中引經據典，給你擺出他們論證的邏輯。我的意思是說，西方歷史確實支持他們所說的那一套，但它被引申得遠了些，被不加批判地應用到亞洲來了。

即便在中國，閻學通也是一個非常有爭議的人物，但他肯定是中國解釋西方國際關係理論及一般政治理論的頂尖人物。從伯克利回國後，他獲聘為清華大學國際關係學教授。關鍵在於，過了一段時間以後，他自己意識到了事情為什麼不對勁，以及為什麼他所說的與中國人所做、所想的不符。他有一陣子竭力想讓人們明白他說的話，但很快便意識到，問題並不是人們聽不懂他的話，而是他所說的那些不適於他們對事情的理解，是因為他的想法是基於西方的歷史經驗。

189

說到這種偏見，我能想到的一個非常生動的例子，是在越戰開始時，時任美國副總統的尼克松到訪新加坡。我記得那是1958年，戰爭才剛剛開

始，那時候艾森豪威爾還是總統。我們見到了尼克松，而且我實際上有個向他提問的機會。他說了一句令我印象深刻的話：「你知道，以前我們有過類似的經驗。我們再也不允許出現『慕尼黑（協定）』了。必須先發制人，否則你就會追悔莫及」，如此這般。他用這樣一個例子來證明打這場越戰的正當性。換句話說，「我們必須阻止胡志明，否則他會成為希特勒」。原話雖不是這麼說的，但這是他的潛台詞。

他的話深深印在我的腦海，因我當時還說：「胡志明和希特勒沒有什麼可比性。這可不是『慕尼黑』啊。」那麼，他為什麼要用那種語言呢？他真的相信他自己的話嗎？我發現他是真的相信。那是他出兵進入越南的理由嘛。

但是，我和我的同伴們所理解的是——而且我們也是這麼說的——胡志明只不過在為自己的國家而戰，因為他感到被出賣了。胡志明不是反美。當初美國同情去殖民化運動的時候，他是親美的。但是，當法國人該撤走的時候，美國人卻要求法國人留下。胡志明期待着去殖民化，但美國人背叛了他，竟要求法國人留在越南，所以他不得不與美國人打仗。

所以他和美國人開打了，並在奠邊府打敗了他們。在奠邊府戰役之後，尼克松出面說：「我們再

不能吃這種敗仗了。必須停止。」所以他們力撐南越。我們聽到的是他堂而皇之的理由，而在我聽來是荒謬的。他做了個錯誤的類比，而那竟是他的想法的依據？最後結果是什麼呢？美國人打了敗仗。他們本來不該打這場戰爭的。這事本來與他們毫無關係！

今天他們又拿日本和德國來類比中國。我一直公開稱此為一個高度誤導的類比。他們在說：「如果現在不阻止他們，他們就會像德國和日本一樣，他們會成為帝國主義者的。」那就是每個在西方受過教育的人的語言，包括大多數新加坡人和東南亞人都會有這樣的反應，會想：「啊……是啊，就像德國的崛起、日本的崛起一樣啊。」他們所斷言的普遍規律就是，一個大國的崛起對於現狀是一種威脅，必須密切關注和加以制止。這樣的話，一旦你將此當作黃金法則來接受，那麼中國人還能做什麼呢？只能是動輒得咎。

黃　必然如此。

王　必然如此，怎麼做都是錯。這就是今天發生的事情。上述論點一直甚囂塵上。就是以日本的崛起或德國的崛起為例。中國人無論說什麼，都會陷進一個莊嚴的概括性的理論領域。中國人陷進去就出不來，因為他們沒有替代的理論領域來反戈一擊。閻學通正遍覽戰國時期的文獻，想從中找

190

到替代理論。祝他好運吧。畢竟那些文獻記載的都是兩千年前的事了。

黃　重點大學的教育會是傳授這種國際關係偏見的載體。這是軟實力還是硬實力呢？

王　你看，約瑟夫·奈並沒有把教育包括在軟實力中。他在談到軟實力時，他談的是電影和藝術……

黃　國家以外的那些。

王　國家以外的那些。教育與國家是不可分開的，它很大程度上是國家前景、國家的世界觀、國家使命的一部分。教育是其中的一部分，儘管不是全部，因為每個教育制度都有自己的異見者和反叛者。但大學所提供的大部分——無論是在新加坡、中國，還是美國——都不可避免地是國家需要的人。這些人反映一種特定的世界觀。這就是為什麼中國的高校如今不再繼續反芻他們從西方學到的東西，他們正在探索自己看待事物的方式。

說到這裏，日本人的例子又是耐人尋味。他們對於我們來說最耐人尋味，因為他們比任何其他人都更長期地處於前沿。早在150年前他們就處於前沿位置了，一直在吸收、吸收。吸收的同時，他們也在消化，並意識到他們不太適合現成的方案。但是他們錯誤地選擇了戰爭。他們在進行嘗試：軍國主義、實際民主，也曾掉轉過來，回歸到日本人的做事方式。他們的奮鬥令我感覺到，

這是我們其餘這些人難以避免的事情。我們的結局會有所不同，但是我們將不得不遵循同樣的道路，不得不調整自己去適應一個主導性的世界觀，儘管它並不符合我們的利益。我們可能會也可能不會掙脫出來，但我們都會嘗試一遍。日本人確實有些非常獨特的東西。韓國人現在也開始趕上來了，並且我認為中國人會饒有興致地觀察他們。其實我認為，如果台灣有更多影響力的話，他們也會做同樣的事情。

四海為家

黃　如今中國更樂於接受韓國而不是日本的東西。

王　是的，但這是政治使然。因為日本人在他們自己的做法上走得太遠了，他們現在是太不同了，成了太獨特的日本人，無人能明確地將其引為同類。他們已經變得太過特別了。然而，正如我此前提及的，技術性地說，日本與美國一樣現代。所有美國人能做的，日本人都可以做到。

192

黃　我已經注意到，想到那些我認識的日本、瑞典的青年學生，他們有一種根深蒂固的自然科學思維模式。

王　中國人正在朝同一方向邁進。新加坡也是一路沿着科技方向發展的。但日本人有某種他們自己獨特的「東西」，是新加坡所沒有的。

黃　他們的審美顯然是非常獨特的。

王　絕對獨特。他們看待世界的方式是獨特的。新加坡就沒有那麼獨特的東西。中國倒是有，但曾經渾渾噩噩了一百多年，所以他們不知道該如何給自己定位。但那種獨特的東西還是存在，在某個地方。

　　日本人則從來沒有失去過自己的獨特性，他們從來沒有過革命，從來沒有拋棄日本的核心。他們從別人那裏拿來，然後他們更上一層樓。其核心實際上被守護着，從未被丟棄。百年來中國人丟棄了自己的東西，如今發現很難讓它重新運轉。如今沒有什麼能阻擋中國人像日本人和美國人那樣掌握科技。中國成為世界經濟第二大國，這是他們掌握了使日、美富裕和強大的所有事物的產物。剩下的問題是，其精神、其靈魂在哪裏。

193　黃　即，我們用我們所取得的做什麼？

王　或，我們這麼做是為了什麼？所做何為？「為」的是要成為現代中國人，要現代化。「現代」的一面越來越清晰，但「中國」所代表的一面則不再彰顯。這是真正的兩難困境。

黃　很有意思。我認為新加坡實際上也是這一調整的一部分，儘管新加坡是個小國。

王　因為新加坡有75%都是華人。他們與中國人受着一些同樣的苦，但沒有中國人的感受那麼真切，

因為後者所處的是中國人的國家。新加坡不是，新加坡是個看起來很像中國的多元化國家。人們期望新加坡更中國一些，但不會的，新加坡政府不會允許國家這樣的。

不過，你現在可以去新加坡的一些地方，看看新加坡人變得多麼中國了。舊社團正重整旗鼓。我讀到過關於海南同鄉會內部的爭吵，潮州人更是分裂成了不同的派系。這些都似曾相識啊。而且他們所爭吵的都是非常、非常中國的事情。這些都沒有什麼諱莫如深的。但他們所有人都具有現代技能。他們無所不能：可以不假思索地經營一家工程公司、做金融，也可以到全球各地旅行。

黃　他們了解西方。

王　絕對了解！但回到自己的地盤上打架時，就要看你姓什麼了，「你姓黃，我姓王」，這不那麼容易改變。再說，為什麼要改變？畢竟，這才是他們本來的樣子：「我已經學到了所有的『用』，但對於我目前的『體』感覺不那麼自在。我要繼續探尋我的『體』，你不能阻止我。也許我愈是掌握你的『用』就愈有助於我找到我的『體』。如果我對『用』完全有信心，那麼我就會找到我的『體』。」反正這就是我看到的中國的那種想法。

黃　在文化學者中有一個深入人心的概念是「本真」（authenticity）。他們喜歡求「真」，我覺得這反映了「體」與「用」之間的鴻溝。

194

王　若是按本尼迪克特·安德森（Benedict Anderson）的
　　看法，這些全部是想像出來的。本真性是人造的東
　　西。什麼是真是你自己決定的，每個時期都有自己
　　的本真感。沒有什麼本質是普遍性的。大部分都
　　是在特定時間和地點的社會建構。新加坡的中國性
　　（Chineseness）與泰國或菲律賓的中國性不同。這是
　　我在年輕時就明白了的，因為在我周圍隨處可見。

　　中國人有時明白，有時候不明白。他們說：「如果
　　你是那邊的中國人，那你一定跟我們一樣。你為
　　什麼跟我們不像呢？」這是一種情況。另一種情況
　　是，在國內，他們明白上海人跟四川人不一樣。
　　他們將此視為正常。但如果你是新加坡人，一種
　　對普遍性的期望就會開始起作用了——一個海外
　　華人必須某種程度上符合中國人的標準，而一個
　　四川人就不一定了。現在我告訴中國朋友，這是
　　不對的。為什麼我覺得我做事有板有眼的，而你
　　卻認為我的所作所為必須符合一種國家**規範**，一
　　種不過是想像出來的全民族平均水準？你自己都
　　不知道那是什麼意思吧。

　　但接着他們就說：「你不一樣。你不可以不一樣。
195　　你是中國人啊。」所以，對海外華人的預期跟對國
　　內的中國人是很不同的。這事本身自有其複雜
　　性。沒錢的海外華僑一旦到了中國，難免被搞得
　　自慚形穢，因為中國人會突然擺出一些他配不上
　　的高規格來，他無論如何都高攀不起。也沒有其

他中國人配得上。你明白我的意思嗎？這一切都是異想天開的。所以沒錢的海外僑胞總是會被看不起。

眼下一個更為值得關切的重要問題是，我們現在有了全新的一波海外華僑。這新的一波會對早期的華僑產生什麼影響，這是一個我想要弄明白的問題。這裏我們說的不是十幾、二十這樣的數目，我們是在談論數百萬人的概念。海外華人原有的基數大約是三千萬人。現在我們一下大概多出來兩千萬新移民，直接出國了，定居了！他們正在北美、澳大利亞、歐洲、非洲，或拉丁美洲安家落戶。當地人——包括原來那些華人的後代——對他們是什麼樣的反應，這是一個嚴肅的話題。

當所有中國人都富裕起來、變得更有錢時會發生什麼？在中國強大的情況下，某種反衝作用（blowback）幾乎肯定會在這裏或那裏發生。這種反衝會是什麼樣規模的，我無從知道。當然，西方的「挑釁」因素可能會出現。如果西方想玩這個遊戲——不是現在，現在玩並不符合他們的利益——但如果玩這個遊戲的結果是對他們有利的話，那麼挑起非洲人或美國人抵制中國人，用馬來語說，那都是senang saja（易如反掌）。可能會產生各種各樣的反響。我不知道結果會怎麼樣，但中國政府是否預見到這些、是否對此能有備無患呢？他們怎麼樣做才能防患未然呢？

196 　我不知道人們是否已經想過這件事。事情還只是初
露端倪，但可能很快就會展露無疑。直到十九世紀
中葉，華人在東南亞都做得特別好，泰國、菲律
賓、印尼、越南、馬來亞的「娘惹」(Peranakans，土
生華人) 都做得很好。可當時的背景是香港的割讓
和上海等所有通商口岸的開放，華工大量湧入，
海外的華裔人口驟然激增，問題也就隨之而來。
五十年後，種族問題依然嚴重。

黃　一體化進程停滯不前了。

王　繼續不下去了。步子邁得太快，體量太大了。

黃　按您的預期，種族緊張局勢會在不久的將來加
劇嗎？

王　如果有數以百萬計的人口湧進來，你怎麼可能避
免那種情況呢？整合或融合都不可能是一蹴而就
的事。往往要歷經幾代人，而且涉及的人數也很
少。再說，現在有互聯網及其他快捷的通訊方
式，你可以好像從來不曾出門遠行；你永遠不會
覺得自己真的離開過。這其實進一步減緩了整合
的進程。我給你舉個非常簡單的例子吧，那是我
頭一次遇到這類情況，真的令我瞠目結舌。那是
三四十年前，有難民逃出越南的時候。當時我還
沒意識到這事意味着什麼。我遇到了一個年輕
人，他正在刻錄小光碟，把自己說的老撾苗語
197 　(Hmong) 錄製下來，然後將錄好的光碟寄給老撾

中部的親人。他是難民，有家歸不得，他的親人也沒有辦法來探望他。但是往家裏寄光碟還是行得通的。所以他刻錄了這個小圓盤，還買了一部激光唱機，連同光碟一併寄給他的親人。他已經這樣做了很長時間了。他非常直截了當地對我說：「這樣我就沒離開家了。我雖然人在千里之外，但我的親人和我每隔一周都會聯繫。我只管付兩邊的郵資就行了。我把郵資寄給他們，因為他們沒有錢。我全包了，但這讓我能跟他們近些。我從來沒有離開他們。」

這還是有互聯網之前。所以你看，如今沒有人離家很遠了。現在，我太太和我的女兒每天都通過網絡相互聯繫。現在她們都成了資訊科技通了，相互聯繫的方式實在太多了。她們每天都告訴對方自己在做什麼。那樣一來，你住在哪兒不重要了。如果再新增幾百萬中國人到海外生活，他們會在一個漫長的時間內繼續做他們的中國人。

除非業務需要，或生存需要，或是通婚，否則他們何必要跟別人整合呢？除非你住在大城市——這正是中國人更喜歡的——否則反正也是不為人知。你在城市裏可以永遠做中國人。在農村就比較困難些。世界的城市化使得不被人整合變得更加容易了。在這種語境裏，「不為人知」是指「不為中國人知」。

「不為人知」這個詞用在這裏非常有意思。不為人知是能保住你的所有、你的獨特性的東西。如果你想跟人打交道，你就會失去它。如果你保持不為人知的狀態，你就可以有這種獨一無二的感覺。過去，如果你離家遠行，那就沒什麼好說的了。你可能就一去不回了。你只能時不時地寫寫家信。

198　想像一下明朝或清初離家的那些遊子，那時候人們一定覺得此去經年，相聚無期。

黃　是啊。就像當年愛爾蘭的男男女女，離家遠赴美國，都是一去不返的，當時的告辭都表達着訣別的心情。

王　一去不返。這就是為什麼中國家庭從不遠遊。總會有少小離家的人：「祝你好運。如果你做出點名堂來，就寄些錢來吧。如果能收到你的音信當然好。如果收不到你的音信，我們會寫進家譜：『去國，不知下落』。」有數以千計的人其實都是下落不明。當然，也有很多倖存下來，並且成了一方霸主，比如在泰國南部、馬來西亞的怡保、印尼的西加里曼丹（West Kalimantan），等等。

黃　他們真是九死一生。

王　絕對是。除了被老虎吃掉，還有被杜松人（Dusuns）或伊班人（Ibans）殺害的。這樣一直持續了一千多年，直到十九世紀中葉世界才發生了變化。數百

萬中國人離開國門，政治發生了變化。中國發生
了變化。現在我們正面臨第二階段。中國崛起，
又有數百萬人踏出了國門，但情況有所不同。對
於那些傳統華僑來說，他們不得不再次進行全面
轉型。

黃　眼下那些「娘惹」，即土生華人們，正在為保持他
們舊有的身份打一場注定失敗的仗。

王　不僅是「娘惹」，即使那些「娘惹」之後的華僑——
後「娘惹」(post-Peranakans——也將要面對接下來
的命運。所以我們將見證「娘惹」文化存續之戰。
我會告訴他們：「曾經是有過土生華人的階段，但
現在我們處於英–華人(Anglo-Chinese)階段，而這
個階段將與一個新的階段較量。在這番較量中，
英美化(Anglo)成分將被稀釋，變得模糊起來。土
生華人階段實際上是馬–華人(Melayu-Peranakan)，
隨後是像你和我這樣的華人，我們是英–華人。但
下一個階段已經來臨。」

199

黃　一個典型的例子，就是最近娘惹博物館的激增。

王　這是一個故事終曲的實例。英–華人不承認，但實
際上那就是他們的處境。在世界的這個角落，在
馬來亞，我的娘惹朋友中沒有一個不是操英語
的。在印尼則不同。印尼的華人已經完全印尼
化、歸化了。他們不再講英語或荷蘭語；他們甚
至已經不再是土生華人了。他們現在是印尼人；

他們其實幾乎已經是土生印尼人（Pribumi）了。其中一些已被接納為土生土長的印尼人。華裔這個群體整體上正在減少，剩下的人想嘗試做中國人。

現在的問題是，英－華人還能持續多久？我想這取決於美中關係了。只要美國佔主導地位，那麼新加坡的所有華人都將繼續講英語。可以肯定的是，美國的故事不僅僅是英語意義上的。「英美化」也不僅僅是指美國，它是全球性的。「英美化」不再指英、美國人。它實際上是全球英美化，我們已發展成為全球英美化中產階級。

某種意義上，這正是馬凱碩所說的「融合」：這個全球中產階級將為全世界制定標準。而英語會是這個中產階級分享的一種常用語言。人們愈來愈難以避免加入到這個中產階級中來。你可以有自己的語言，但你們所有人都會在中產階級層面用同一種語言運作。我認為很有可能會是這樣。這如今已超出了美國的範圍：美國人在本國反而受到拉丁裔的挑戰，西班牙語如今在美國非常、非常強勢。西班牙語的影響力並未覆蓋全球，英語卻無遠弗屆。事實上，現在開國際會議幾乎不可能不用英語。

所以新加坡的英－華人還會持續一段時間。英－華人將會成為本地人。如果你出生在新加坡，那意味着你是英－華人。唯一的問題是，如果你會成為

200

華英人 (Sino-Anglo) 的話，這一混合就是反過來的。這是一件有趣的事情：中文並不容易學，但學說中國話卻不難。學習英文也是一樣。全球性的英美化並不需要你英語讀寫流利，只要能溝通就行。英語有五花八門的各種表述方法，你可以做得到。所以全球英美化是相當可行的。

也許全球華語 (Global-Sino) 也已經開始形成。很多人都在學習說中文。說中文不那麼難。想像一個人發音準確、不帶一點口音地說中文，這種想法其實很荒謬。中國人自己都不這樣要求自己，他們都有口音，每個人都有口音。就像說英語一樣，你在英國不必擔心英語說得對不對，那就是你自己的語言嘛。所以中國人也是一樣。如今在許多國家，操流利中文的人數增長很快，無論他們的中文帶有多麼濃重的口音。相比之下，新加坡現在在中文方面沒有那麼多優勢。

但中文仍然是一種很難學的語言，所以人們學中文的欲望並不大。在美國和澳大利亞這樣的單一語言國家，在英語世界，推廣中文仍然會遇到很多阻力。但變化正在發生。我個人以為，歐洲人學中文可能會更快。

201

黃　西方的高等學府已經在鼓勵學生學中文了。

王　甚至在美國也是。這很是新奇。有人給我看過一些數字，顯示美國一度只有五十所大學教中文，現

在有大約兩千所大學這樣做，可能水準參差，但他們提供中文課程。另一件事呢……從前美國只有為數不多的圖書館有中文書。今天，這兩千所大學都開始有中文圖書館了。至少有一二百所大學擁有非常出色的中文圖書館。這是相當難以置信的。

黃　而且一切都在數字化，這使這種發展變得更加容易了。

王　的確方興未艾。美國人有錢在這方面投資。一些國家有心這麼做，但缺乏資金，於是就有孔子學院適時地出現。中國人正伸出援手，這是軟實力的一部分。所以現在美國已經有四五百所孔子學院……我數不過來。

黃　在我曾從事研究的斯德哥爾摩大學，中文教學現在越來越多地由孔子學院承擔，由孔子學院為相關教學輸送師資。

王　他們提供母語教師。當然，如果你想傳授的是高深的古漢語，那他們就力有不逮了。如前所述，目前開始教的還是口語部分，是現代漢語，與文言文無關。但即使在過去，語言的傳播也是口口相傳的。任何語言在文字上都很難學。

202　中文書面文化從未在國外大行其道，但其口頭文化還是有的。漢語在雲南和其他地方的傳播就是如此，人們只是學會了口頭上説。連廣東人也得學説普通話。你看，口頭技能很重要。

我認為英語傳播的成功是通過貿易，馬來語也是一樣。經濟實力確實具有這種軟實力。例如，我一直非常感興趣馬來語如何成了印尼語言。馬來語是少數民族語言，馬來人只佔區域人口不到4%。那麼這種語言怎麼會成為常用語呢？很簡單，它能促成商務。有人會認為是宗教（即伊斯蘭教）在起作用。但我認為即便如此也還是緣於商務，伊斯蘭教也是跟着貿易走。到中國人進入印尼的時候，即鄭和的時代，無論是在爪哇還是蘇門答臘，馬來語都已經在使用中了。到葡萄牙人抵埗時，馬來語已經佔主導地位了。這些情況可以在葡萄牙文的記載中看到。馬來語跨越爪哇海，普及到香料島上。在荷蘭語的資料中，可以看到這是很明顯的現象。他們所到的每個港口都在說馬來語。所以，商貿活動才是令馬來語居於主導地位的載體。

在該地區的華人中，閩南語幾乎成了通用語。在群島性的東南亞，閩南語是華人最重要的語言；而粵語則在大陸地區比較突出，在美國及整個大洋洲及澳大利亞也比較常用。閩南話在諸島上佔主導地位，就是靠口口相傳。

家為社會之本

黃　　如果我非得要您講一下「體」在中國案例中的構成，那麼我猜想您會從儒家的概念談起。

203

王　是的，必須如此。在某種程度上說，非要將「體」
　　與儒家聯繫起來未免令人遺憾。它無非就是指做
　　為中國人這回事嘛。而它的根源就是家庭。孔子
　　與孟子將這個概念最好地表述了出來。我喜歡孟
　　子的說法：家庭是最自然的一種關係；生活的一
　　切都是倫常關係。

　　我有沒有給你講過這樣一個故事？我上的小學是
　　一所華人學校，中文課本中試圖教我們有關西方
　　的事。課本中有講到牛頓和蘋果的故事、華盛頓
　　從不說謊的故事。還講魯濱遜（Robinson Crusoe）
　　的故事。這就是有趣的部分。當我們用英文讀這
　　個故事時，讀到的是英雄魯濱遜，在一個荒無人
　　煙的島上倖存了下來。而中文課本雖然在講同一
　　個故事，結論卻完全相反。它的教訓是：「你看，
　　人不能單槍匹馬。要做個文明人，你就必須置身
　　於社會中，與其他人建立關係。如果你孤單一
　　人，你就會失去你的文明、你的文化。魯濱遜不
　　得不掙扎求存，但這是一場失敗的戰鬥。」其覺悟
　　是關乎社會的；社會才是關鍵。所以中文課本中
　　這個故事的寓意恰恰與西方的故事相反。我還記
　　得上小學時的事呢！我記得我對父親說，「這講的
　　完全是不同的故事」！確實抓到了不同之處。

　　孔子提醒我們，作為個人你什麼也不是。你是
　　誰？你是你父母的兒子、你兄弟的手足、你的孩
　　子的父親──這才是你之成其為你的一切，才給

你了一個身份判別。家庭是最自然的單位。從家庭關係中延伸出來，你開始與其他家庭的人交往，諸如此類，最後是你的社會。但這個想法並不是孔子發明的，他只是表達了出來。孔子自己總是說，他傳授的並無任何新的東西：「述而不作，信而好古。」這裏面別有深意。

204

另一部影響深遠的經典是《易經》，顧名思義，《易經》是「變化之書」。似乎沒有人知道《易經》始自何年，它一直在流傳。為什麼這部書能夠歷久彌新？其深層次的含義是如此重要：一切都會變化——這就是為什麼它被稱為「變化之書」。沒有什麼是普遍的和永恆的。一切都會變化，一切皆可變化，這才是根本的。

所以，你生活在這樣一個世界：在這裏，你的關係為你提供核心，你的關係為你提供一種應變的方法。這與你無關，因為你什麼都不是，但你是一個群體中的成員。

這就像太極圖一樣。你不能只有陰陽中的哪一個部分；兩者是不可分割的。它們總是相互關聯的。這不是儒家概念，這是中國概念。這個概念變過嗎？即使是佛教在中國佔統治地位的時期，這個基本概念也從未消失過！它一直在那裏。佛教從來沒有挑戰過這個概念，而只是融入這種看待事物的方式。你體會得到所有部分是怎樣契合

的。當它們契合時，事情就成了。當兩個人契合並有所分享和認同時，事情就成了。但如果單憑你自己，你能成什麼事？

所以中國人就是不能理解個人主義的想法。並不是因為他們不喜歡——中國人還是滿個人主義的——而是他們總是以家庭為重。你了不起，因為你有家人在你身後。但一個人如果無依無靠就沒有任何意義，對於中國人來說這是不合理的。所以把個體看得神聖的想法是不可理喻的——那確實是來自一神教的想法。

205 　　當佛教僧侶把出家的想法帶到中國的時候，中國人根本就不喜歡。所以佛教徒們不得不進行修改。中國佛教如今有很大不同，因為他們在家庭觀念上入鄉隨俗了，否則中國人根本不會接受佛教教義。

黃　所以一個人出家為僧後，仍會有時候回家看看。

王　當然，還是認他的父母。但是，理論上你不該是這樣的。你應該完全脫離家庭才對。基督徒也有同樣情況。直到今天，天主教會在中國人眼中成問題的還是「棄家修道」，中國人認為這沒有道理。教會說這是關乎你和上帝，然而實際情況是你與上帝之間還有一群主教和樞機主教。還是有一個組織：有個家庭坐落在梵蒂岡，而且這是一個非常強大的家庭。

黃　儒學或儒家思想中我最喜歡的洞見是「禮」與「仁」之間的那種聯繫。「仁」不是無緣無故的，它脫胎於禮儀的實踐之中。特定的一套禮儀、一個特定社會隨着時間的推移而形成的一套特定的儀式，是該社會的文明、精神、氣質的基礎。

王　讓我再次強調，起點是倫常關係。否則根本就沒有「禮」，沒有「仁」。而你總得有點什麼。

黃　就是要把人際相處的關係理順，而在此過程中，「倫」與「孝」就產生了。

王　中國人在傳統上對人的天性善惡存在爭議。

黃　儒家兩位代表人物荀子和孟子在此問題上看法不一……

206

王　這個問題上的分歧確實在思想上產生了一定的後果，但在實踐中影響不大。如果你性本善，你就會一生去捍衛和保護善。面對各種各樣的挑戰，您始終不渝地守護這份善。而在荀子看來，人性本惡，必須要進行教化，就是文明化，通過禮儀來規範。他的出發點更真實，是假設在一種最糟的情況下，你會「化性起偽」，轉而向善。但中文裏面説得不是很清楚。

有一天我問夏威夷大學中國哲學教授安樂哲（Roger Ames）他怎麼翻譯「善」，他於是試圖用inclination（傾向）來解釋這個詞。人有向善或向惡的傾向。

兩條路你走哪一條都有可能，對此中國人並不教
條。雖然孟子和荀子說法不一，但假設你有兩條
路可以走，你怎麼走，取決於你周圍的環境和你
的人際關係。你與父母、兄弟姐妹的關係，實際
上可以讓你做個好人或變得更好，也可以讓你變
壞，這取決於他們對待你的方式。如果你父親總
是打你，你也會變成一個令人厭惡的人。如果你
母親一直疼愛你，你就變得很溫柔，等等。

環境培養人，有助於引導天性。在後天培養與天
性使然之間你不要二選一，不要爭辯是培養的成
分多還是天性的成分多。中國人不接受這種源自
西方思辨思維的論證，無論天性與培養哪個重要
些，五五開或四六開或二八開，中國人不太用這
些說事。最後還是歸於陰陽和合，所以事情的走
向都是兩可的。一旦你允許，那麼所有這些概念
都會相互依存。無論你的「仁」是散發出來、得以
發展或「失仁」，都取決於許多不同的因素。

黃　荀子和孟子都強調「禮」必不可少，無論是在「仁」
的發展還是保護上。

王　對於荀子來說，你需要「隆禮」，以確保你能夠「歸
仁」、向善。「禮」使你中規中矩，沒有「禮」，你就
可能為所欲為。這就是從實用上來講。我覺得還
是孟子更為樂觀。他認為「仁」是「我固有之」，會
自然而然地生長並克服挑戰。話雖如此，我也不

認為他是教條的。還是如前所述，這些說法經不
住推敲，可以這樣解釋也可以那樣解釋。

在我自己以及我的很多中國朋友的思維中，「陰陽」
是非常基本的一個概念。他們對非黑即白的那種
思路是很不以為然的。我還記得我當年作為一個
學童，曾為胡適說的一句話而很受震動。他說：
「對於中國人來說，一切都是『差不多』。」他還杜
撰了一位「差不多先生」。胡適曾在西方受過學術
訓練，他知道西方哲學要追問的是：「這是這麼一
回事，還是那麼一回事？」所以他告誡他的學生：
「如果你的態度這樣含糊，你怎麼能成為一個好的
科學家呢？」

這話是有道理的。數學和科學要求你必須精確，
胡適以此來解釋為什麼中國人在科學上沒能有進
一步的發展。他認為，中國人有大量的機會和足
夠的潛力去做研發，但由於在哲學上缺乏分析思
維，因此看不到明晰定義的重要性。中國人總
是認為：「對，我知道有區別，但這實際上並不
重要。」

黃　在社會關係中你需要含糊一點，不是嗎？

王　此言極是！如果你尖銳，太尖銳的話，事情會變 208
得非常困難。如果總是「差不多」，那麼我們可以
成為好朋友！你差不多好，我差不多壞，這樣我
們有商量的餘地。這裏我們再次看到整個社會

觀、世界觀是如何由某些假設和前提決定的。這是中國人必學的「體」的部分，也是二十世紀中國人開始落後於西方的一個原因。他們說：「是的，現代的方法論和技術取決於精確性：二加二等於四。這是絕對的，是不可改變的。」進行明確的區分非常重要，否則你無法進步。

學習現代方法論和技術是重大的決定。但你在採納技術的同時可否不影響到你文明的其他部分？我認為中國人正在認識到這是可以做到的，正如日本人已經認識到的那樣。兩者可以共存，因為你的「體」回歸中國的思維方式，而「用」的部份在有所助益的同時並不改變你「體」的本質。事實上，你的「體」使你有信心去處理「用」的任何方面。所以，你因保住了「體」而充滿力量。

終於，他們現在精通了「用」，他們會怎麼去「用」呢？這個問題又把我們帶回到如何做中國人、如何以中國人的方式去「用」的問題上──用我的話說，就是如何同時既是現代人又是中國人的問題。在很長一段時間裏，對於中國人來說，做現代人就是西化，就是要模仿西方──像他們那樣想、像他們那樣吃飯。用筷子就不現代，用手抓就更糟糕了。但現在，我認為，中國人已經意識到事情根本不是這樣的。

大國大同小異

黃　中國和美國分別代表着您所說的兩種不同的思維
　　方式，但是他們必須共存共處。這兩種看待存在
　　和社會生活的不同方式能夠找到共同點嗎？　　209

王　實際上二者正以各種方式不謀而合。那種不同並
　　非涇渭分明。這也部分地認證了中國人看問題的
　　方式，並非涇渭分明。是美國人想搞得涇渭分明，
　　但現在他們正在讓步。美國人已經不再那麼堅持
　　了。他們見識了「阿拉伯之春」(Arab Spring)。他們
　　可以看到執着於一個明確的定義是不行的。解放
　　廣場(Tahrir Square)上發出的民主呼籲用的都是同
　　樣的辭藻，但指代的涵義卻不盡相同。現在這種
　　情況輪到美國人了，美國人現在的用詞已經不再
　　那麼清晰了。他們已經意識到，對準確、精密，
　　或確定性的追求適用於科學和技術方面。但對於
　　「體」，每個人的「體」、任何人的「體」，它其實
　　不靈。

　　畢竟，法西斯主義從哪裏來？來自西方！他們自
　　己的現實也不是那麼一清二白的。看看種族主義
　　的再現，比如中歐的反猶主義，一切都歷歷在
　　目，未曾消失。你可以順便做什麼，可以說「這樣
　　是壞的，那樣是好的」，但人們還是跟過去一樣。
　　他們不喜歡外國人的時候就是不喜歡。他們不喜
　　歡猶太人、不喜歡中國人的時候，就是不喜歡。

我認為美國人正在意識到這一點。你可以從奧巴馬總統的措辭中體會到。他們那套政客語言已經不再那麼自信了。甚至連尼克松、基辛格和克林頓也不復羅斯福或肯尼迪那樣明顯的自信。曾幾何時，他們信心百倍。他們現在還是可以用同樣的修辭，但已不復當初言之鑿鑿的力量了。他們現在用同一套修辭來作為其立場的大致象徵，也都變成「差不多」的意思了。

或許如今就連新加坡也成了美國眼中的民主了。換句話說，他們正在軟化他們的分界。記得我年輕的時候，民主的定義是很清楚的：新加坡「不是」民主國家。但現在你可以說：新加坡是一種「威權民主」（authoritarian democracy），無論其意為何。他們正在改變所有的說辭，這一事實說明我們正在另一種意義上聚合在一起，因為實際上這些絕對的東西無一經得起現實世界的考驗。中國人對此一直都心知肚明。

美國人現在沒有力量來強推其傳統看法了，所以他們必須接受現實。一旦你說你可以接受現實，那麼這一過程就開始了，你就不得不接受你沒有勝算這一事實。絕對的表述，就像絕對的相對主義一樣，是經受不住時間的考驗的。那些是極端的立場。科學家說，一切都必須是量化的、精確的和計算出來的，不能量化的東西就毫無價值，這實際上是在採取極端立場。

「中道」才是最具實際意義的。中國傳統思維尋求中道。這意味着允許兩者兼而有之，而你推動的方向則取決於具體情況。要我說，縱觀中國歷史，中國人根本就不尋求極端立場。當他們指出極端立場時，他們是拿它作為標記：「這就是極端了，是你不想走到的地步，離它遠遠的。」

中國人也不是純粹的相對主義者。例如，純粹的相對主義者可能會說「沒有神」。而傳統的中國人永遠不會說「沒有神」。他會說：「可能有，也可能沒有，但這有關係嗎？對於我來說，有時有關係，有時沒關係。當有關係的時候，我去禱告。沒關係的時候，我就忘掉。」

如果你今天全球性地看政治學，那麼中道就是一種常見的做法。如今一切都事關中道。如果你想在民主政治中勝出，你必須尋求中間立場。無論是茶黨運動還是紐約出現的絕對自由主義，採取極端的立場都無法贏得多數。所以，到頭來，美國人和中國人有什麼不同呢？我相信沒有太大不同。

211

註釋

1　Wang Gungwu, "Getting China to Play by the Rules," *Straits Times*, 12 February 2013.

2　編按：2017年10月25日中共十九屆一中全會選出七位政治局常委，為習近平、李克強、栗戰書、汪洋、王滬

寧、趙樂際、韓正。2018年2月25日，中共中央委員會提議，取消憲法中中華人民共和國國家主席和副主席連續任職不得超過兩屆的表述。3月17日十三屆全國人大一次會議上習近平當選為國家主席、中央軍委主席，18日李克強任命為國務院總理。

3　參見 Central Intelligence Agency（美國中央情報局）, *World Fact Book*（https://www.cia.gov/library/publications/the-world-factbook/rankorder/2108rank.html）。

4　編按：G2（Group of Two）指兩國集團，是經濟學家伯格斯坦（C. Fred Bergsten）於2005年提出、奧巴馬任內使用的一個術語，指中美兩國之間的非正式特殊關係。

5　編按：2016年3月，昂山素姬出任緬甸外交部、總統府事務部兩部部長，同年4月出任新設置的相當於總理的國務資政一職。昂山素姬掌權後，繼續執行務實的外交政策，與美、中、印等大國保持良好關係，尤其尋求與中國的區域合作，支持中國提出的「一帶一路」。2016年10月開始，緬甸若開邦北部的羅興亞穆斯林與當地佛教徒發生衝突，緬甸軍方對羅興亞人進行鎮壓，數十萬難民逃離緬甸。昂山素姬政府對此人道主義災難的漠然態度受到西方國家的普遍譴責，因此緬甸的外交重心更加偏向中國和印度。

6　太平天國是最為聲勢浩大的一場反清起義。由客家人洪秀全領導的這場起義從1850年一直持續到1864年。捻軍起事始於1851年，終於1868年。雲南回變（穆斯林起義）始於1862年，1873年被打敗。1862年，西北各省也爆發了回變，一直持續到1873年。參見 Jonathan D. Spence, *The Search for Modern China*（New York: Norton, 1990）。

7　參見 Joseph S. Nye Jr., *Bound to Lead: The Changing Nature of American Power*（New York: Basic Books, 1991）; *Soft Power: The Means to Success in World Politics*（New York: Public Affairs, 2005）。

8   閻學通現任清華大學國際關係研究院院長，是《中國國
     際政治》(*The Chinese Journal of International Politics*) 期刊的
     主編。 他於1992年在美國加州大學伯克利分校獲得政
     治學博士學位。

第五章

陸海力量的結合

彼此扭曲的鏡像

黃　歷史上，歐亞大陸的西部邊緣和東部邊緣相互對
　　峙，隔着令人望而生畏的浩瀚文化和廣袤的地理
　　距離，彼此看待對方的印象都是色彩紛呈而又混
　　亂不堪的。作為彼此的「他者」，每一方都是透過
　　高度扭曲的夾心文化（in-between cultures）的過濾器
　　來感知對方。

王　這兩個邊緣，西歐和中國，隔着廣袤的大陸遙遙
　　相望，其意義非常重大。他們彼此互為他者，所
　　謂「他者」即處於另一端的所有一切。由於各處邊
　　緣，他們不曾有過直接接觸。以致如今，在全球
　　化的時代，兩邊仍然表現出過去殘留的思維。我
　　們還是在談東方對陣西方，而西方仍然對「西方對
　　陣其餘世界」這樣的概念津津樂道。

　　但是，這一切也應該提醒了我們，核心對於他們
　　是多麼重要。核心在同一時間過濾和渲染了另一
　　邊的一切。今天，一切都已改變，世界現在真是
　　圓的了。美洲已經大為改觀了。美洲涵蓋了歐
　　洲，也包括了東亞。例如，我們有北大西洋組
　　織、有亞太經貿合作組織。大陸的兩個邊緣相

遇了，視角發生了變化。邊緣現在擁有了全球主
動權。

在我撰寫有關兩洋地中海（Two-Ocean Mediterranean）
的文章時，我想指出的是，地中海擴展到大西
洋，使那裏成為第二個地中海。歐美控制了這個
地中海，進而這個地中海控制了世界，擴展到了
印度洋，然後到太平洋。這種擴張一路延伸到了
大陸的另一端。與中國、俄羅斯……或許還包括
印度等國接壤的海上聯繫形成了。印度不太確定
它自己是海洋世界的一部分還是大陸的一部分。

中國在本質上很明顯是大陸的。為了在海洋性的
全球世界中圖存，它必須有一支海軍。但在知道
對美國望塵莫及的情況下，中國其實只是一個想
具備足夠海洋實力的大陸國家，而這麼做只是為
了保護自己免於海洋性全球世界的威脅。它不得
不依賴海洋世界，因為貿易取決於海洋。

215　無論如何，一股力量已成弧形環伺在大陸周圍。
印度不太可能躋身其間，但印尼是可能的，所以中
國人拼命地想把印尼留在自己一邊，好讓這個弧形
不要完全封閉。如果馬六甲海峽、巽他海峽和印
尼能大致上保持中立，那麼中國人就有機會。如
果這個弧是封閉的，那麼中國真的會有麻煩。

無論以何種方式看待冷戰，冷戰的最終勝利都是
通過把蘇聯限制在大陸上獲得的——絕不讓它逾

越大陸。蘇聯最後就這樣窒息了。中國也正是由此而認識到他們必須擁有海軍。

黃　在打破歷史性的海上封鎖過程中，中國歷盡重重困難，這是否是中國投資太空項目的主要原因？

王　是的，他們對此心裏有數。但是，人類的生活依然是腳踏地球的，並將保持海洋性。全球性是海洋性的。這是你無法擺脫的。如果你接受了這一點，那麼一切都好理解了，反正在我看來是這樣。

黃　北部冰冠的融化是否會跟我們的話題掛上鈎？

王　這件事應該是美國、加拿大及俄羅斯關心的。至於中國，它該關心的是要能穿行印度洋這樣的地方；除此以外沒有別的。

黃　非洲在這一切事務中扮演什麼角色？

王　非洲永遠不會成為一股強大的大陸力量，所以他們不會對別人構成威脅。沒有任何非洲國家有海上實力可言。他們將繼續扮演下屬的角色，因為它們發展不出陸海兼備的實力來。他們將繼續在兩個競爭對手之間發揮一定的作用，而這對冤家就是身為老大的美國，和稍遜風騷的中國。

這條美國之弧將大西洋與印度洋連接到了一起，並向北深入波斯灣。中國人對中東感興趣，因為那裏是核心的延伸。伊朗也是中國的興趣所在，因為如果伊朗不是上述弧線的一部分，那麼它確

216　實能讓中國如釋重負。如果伊朗——還有阿富汗
　　——成為這個弧線的一部分,那麼中國面臨的局
　　面就會更加嚴峻。

伊斯蘭大陸勢力

黃　伊斯蘭教在一千多年前非常成功地滲透到了中
　　亞。所以在後來的幾個世紀,出自中亞的很多東
　　西都是打着伊斯蘭教的旗號,不是嗎?

王　由於蒙古人突厥化的轉變,伊斯蘭教成為大陸核
　　心的一部分。伊斯蘭挺進俄羅斯,挺進東歐,並
　　進入地中海,與地中海南部沿岸的阿拉伯世界連
　　成了一片。他們也闖入了伊朗和印度。這是大陸
　　力量伸展到海洋的最具凝聚力的表現。俄羅斯人
　　其實成了抵抗伊斯蘭世界的堡壘。在彼得大帝時
　　期,他們力挽狂瀾,想控制住歐亞核心,以免於
　　伊斯蘭世界的侵蝕。在某種程度上他們確實贏得
　　了這場核心之爭。現在的歐亞核心當然包括許多
　　俄羅斯文化的特質。

　　歷史上,阿拉伯伊斯蘭世界曾一度從北非一路延
　　伸,一直越過突厥地區進入新疆,並進入俄羅斯
　　的大部分地區,一直到印度洋的沿海。這一阿拉
　　伯核心的鞏固將歐洲人進一步推向了邊緣。歐洲
　　人進行了反擊,但失敗了。古希臘–羅馬帝國曾經

控制過地中海，但後來又失去了，而對海洋的控制是四分五裂的，直到今天仍是如此。十字軍一次次東征，都未能將穆斯林趕回去。只有當這一問題被現代海洋力量重新定義時，歐洲人才可能克服這一持續不斷的壓力。隨着全球經濟的發展，他們終於可以限制住這股來自東方的勢力。217最後一場戰役是在底格里斯－幼發拉底河的新月沃土上，而在過去的半個世紀裏，這一切發生就在我們眼前。英美兩國仍在通過以色列試圖控制這個世界。這場角力還會持續一段時間。

黃　我一直在想，為什麼英國廣播公司（BBC）在國際廣播中總是對中東這麼關切。

王　非常關切！對於歐洲人來說，東方就是從那裏開始的。古希臘人定義了亞洲，而西方一直保留的東方視角是以博斯普魯斯海峽為起點的。古希臘－羅馬文明，以及基督教，就與此相聯繫。耶路撒冷在那裏，巋然不動。所以西方的主要故事一直是從那裏生發出來的。

正因為中亞世界與地中海的伊斯蘭世界密切結合在一起，所以這個核心曾是非常強大的。其實從深層來說，情況一直是這樣的。即使在巴比倫和埃及文明的時代，中亞、北非海岸和地中海之間的聯繫也一直存在。地中海是中亞核心伸向大海的一個出口。原來是以古希臘和羅馬為出口，但

伊斯蘭教提供了中東和中亞之間、大草原和沙漠之間的連接。隨之，歐洲人被進一步推向邊緣，與富庶的東方一刀兩斷。

從那時起，他們一直在尋求突破穆斯林封鎖的對策。十字軍東征前赴後繼付出了很多生命，直到奔向了海洋，歐洲人才終於有了突圍的機會。

黃　沿着北歐海岸，活躍於海上的北歐維京海盜向南乘風破浪，令人聞風喪膽，在歷史影響上，其聲勢或許與地中海源遠流長的北向推進發生過重疊。不知這是否影響到後來的發展？

218

王　我個人對維京人的感覺是，他們處在邊緣，比其他很多人都更邊緣。像其他邊緣人一樣，他們想滲透到歐陸地區。但他們沒有真正的機會去做到這一點。他們人數不夠多，並且優勢在海上。到他們有心去做的時候，他們太邊緣了。在陸地上，他們沒有用武之地。

在俄羅斯和烏克蘭有少量瑞典人。但他們無法在那裏立足。非常坦白地說，他們就是人數不夠多。他們想到地中海去，但同樣是太遠了——遠隔千山萬水。諾曼底是他們所能企及的最遠距離。他們想做的正是幾百年後葡萄牙人所做的事情，就是挺進到海上。但他們地處太靠北的位置，他們不斷挺進冰島、法羅（Faroe）群島、格陵蘭，以及加拿大海岸。海洋經常處於冰封狀態，

所以他們的登陸和旅行很大程度上局限於北部地區。他們還是往海上走了相當遠的，這一點毫無疑問。他們是先驅者，但再次表明身處邊緣就是鞭長莫及。

日本和中國人也曾試圖從太平洋海岸線上伸展出去，但那裏沒有什麼值得他們冒生命危險去探求的東西。

黃　維京人如今在一般人的印像中只不過是些野蠻人。

王　我認識幾位了不起的維京學者，挖掘過維京人的墳墓一類的。他們説這些人肯定不是野蠻人。維京人有他們的宗教信仰、他們的儀式，以及強烈的社會感。某種意義上，他們是想辦法做生意的生意人，但由於他們人數不多——這算是個理由——航行得愈遠，他們一得手就跑掉的情況就愈多。在地中海上出沒真的太難了，但他們不得不努力到達那裏，因為那裏對於他們來説是文明中心。

黃　他們設法建立的定居點經常是作囤貨之用。

王　那已經是他們竭盡全力所能做到的了。凱爾特人和益格魯-撒克遜人對他們來説太難對付。所以直到「征服者」威廉一世 (William the Conqueror, 1028–1087) 在 1066 年擊敗了新加冕的國王哈羅德 (Harold)，他們所能做的只是在邊緣進行蠶食。他們肯定很想大有作為，但勢單力薄。數量在歷史

219

上是舉足輕重的。無論對於民主還是專制政體來
說，數量都很重要。

黃　拿我們這個地區來說，印度尼西亞就一直因此而
　　舉足輕重，如果不是由於其他什麼原因的話。

王　你還記得吧，拿破崙曾問道：「教皇手裏有多少軍
　　隊？」看看他是多麼不把教皇的權力放在眼裏。

美國大陸

黃　您能評論一下美國內戰，及當時南北之間在經
　　濟、意識形態方面的差異嗎？這些跟我們關於大
　　陸和海洋的討論有沒有相關之處？是否南方為大
　　陸性的文化，而北方則不是呢？

220　王　喔，北方人（Yankees）與邦聯派（Confederates）那時
　　都成了大陸屬性的。他們當時正在大陸上角逐。
　　一旦越過了阿巴拉契亞山脈，你就是大陸人。在
　　兩百年的時間裏，從第一次落腳到內戰爆發，美
　　國人都是靠海而居，本質上是海洋屬性的。他們
　　那時候還是大西洋住民。往內陸縱深發展就需要
　　時時與土著開戰。但是，一旦工業革命開始，先
　　進的槍枝生產出來了，遊戲就改變了。

　　狂野西部（Wild West）的歷史可以用武器的進步來
　　丈量——槍型愈來愈好用，無論是六響槍還是自
　　動步槍。他們總是比那些從定居者手裏買槍的土

著領先一步。很快，英格蘭的定居者們就開始在美國土地上生產槍械了。

於是，內戰成了首次以現代方式進行的戰爭，是正面戰場和游擊戰的混合體。在歐洲，戰爭在傳統上就是要面對面短兵相接，這種情況一直持續到拿破崙戰爭，甚至直到法德戰爭。兩軍對峙，你死我活。在第一次世界大戰中，這種傳統的方式曾導致戰爭陷入膠着狀態。美國內戰的打法則不盡相同。當寡不敵眾時，邦聯軍就對北方的聯邦軍隊成功地展開了游擊戰，迫使北方軍也採取類似的策略。所有短兵相接的交火都造成了災難性的傷亡。雙方都使用了最先進的武器裝備。在此期間，軍工業蓬勃發展。南方軍備相對不足，不得不從同情南方的英國人那裏購入。他們最終失敗了，因為他們的武器比較粗糙和低效。

南方邦聯派的觀點是，北方軍獲勝憑的是技術，而不是因為他們更驍勇善戰：「南方是為了事業而戰，而北方則出於見錢眼開的貪婪。」這話還是有一點道理的。北方佬是資本家和實業家。鋼鐵仍然是工業革命的基礎，而所有鋼鐵廠都設在匹茲堡和賓夕法尼亞州。最複雜的軍工製造從一開始就在紐約和新英格蘭。所以在某種程度上，北方的勝利是工業革命技術戰勝農業世界的勝利。但這場戰爭是很具大陸性的，它不同於英國自「征服者威廉」以來打過的那些海戰。

221

黃　美國有個傳統敘事，在大眾文學和好萊塢公路電
影中很顯而易見，是關於城裏人進入鄉野，遇到
行事古怪的人，惹來麻煩。這與西部被打敗了是
否有關係？

王　對西部的征服，從很多方面來說是由戰敗的邦聯
士兵實現的。在失去家園後，他們就往西部去
了。許多所謂的牛仔都是南方人。北方人提供了
資金，修建了鐵路，創建了郵政系統，繞海岸航
行到了舊金山，並輸送了律師和政客──都是些
衣冠楚楚的傢伙，就是這樣。與此同時，馬背上
的人們，像比利小子（Billy the Kid）那樣一路向西
打打殺殺的人，是南方人。開赴德克薩斯州、把
墨西哥人趕出去的正是他們。也正是這些德克薩
斯人，進入俄克拉荷馬州，穿越了落基山脈。

北方人出主意、出錢，但出力、出戰的是來自南
方的人──特別還有印第安人。這是美國軍隊至
今在很大程度上由南方人構成的一個原因。他們
比北方人更有準備加入陸軍，而北方人較為傾向
於加入海軍。無論哪裏開戰，南方人都不介意捲
進去。無論在奴隸制時期還是後來在佔領印第安
土地時，武裝衝突都是常態。[1]

北方人用錢鋪路。他們為基礎建設提供資金，資助
牛仔們互相爭鬥，把牛引進到芝加哥。芝加哥產的
牛肉運送到紐約，然後到了歐洲。所以資本主義最

222

終比奴隸制更具活力。它摧毀了南方的種植園經
濟。那時候，資本主義是海陸的結合。到了內戰
時，南北雙方都已開始進入大陸。北方人的海陸組
合證明更有效，伴隨着源於工業革命的技術。

在某種程度上，是技術打敗了比北方人更團結、
更勇猛頑強的南方人。南方軍隊士氣高漲，所以
北方的勝利絕不是必然的。北方硬着頭皮堅持打
下去，因為最終他們已經輸不起了。他們並沒有
南方邦聯軍那麼團結一心。

中亞核心的終結

黃　您幾次提到，直到現代時期，中亞核心才真正遭
　　到摧毀。我對於該地區推行史達林的民族識別
　　(ethnic classification) 工程感到訝異。此事在破壞核
　　心的完整性方面起了什麼作用？

王　我對史達林的解讀是，他繼承了一個遍佈整個中
　　亞的俄羅斯帝國。彼得大帝 (1682–1725) 和葉卡捷
　　琳娜大帝 (Catherine the Great, 1762–1796) 這些統
　　治者將哥薩克人和韃靼人遣往西伯利亞，到達了
　　太平洋。他們希望鞏固自己的核心地位，以俄羅
　　斯為核心。這是一種以牙還牙的行為，因為當初
　　蒙古人和突厥人進軍俄羅斯，蒙古人進入北部，
　　突厥人深入南部，令俄羅斯人成為受害者。莫斯

223

科近乎被抹去，所以他們明白核心在戰略上至關
重要。他們實際上是核心的一部分，但曾被更強
大的民族所主導。所以現在他們想拓展自己的角
色。如果他們是核心，如果歐亞大陸完全屬於俄
羅斯人，那他們就可以控制世界。這是我對彼得
大帝的理解。當時俄羅斯人正在吸收西方的技
術，為的是克服核心，確保不失，永遠不要再成
為受害者。

史達林只是繼承了這一遺產。他想確保俄羅斯人
能在中亞地區坐穩，並使中亞地區的其他國家成為
俄羅斯的小兄弟。史達林不是俄羅斯人，是格魯
吉亞人，他對保護格魯吉亞人和高加索人很用心。
對少數民族的承認當然是一種進步的思想，是馬克
思列寧思想的一部分。它是現代的、世俗的，和
包容性的，能夠使蘇聯成為更強大的俄羅斯。沙
俄是脆弱的，那些突厥國家總會變得咄咄逼人，將
其合併到蘇聯中來能盡量減少這種威脅。然後，
史達林就會藉助技術繼承俄國帝制的遺產，明確以
俄羅斯為核心──作為全世界的核心。

我認為，海洋國家實際上就是基於同樣的理解而
開始了冷戰。這場戰爭事關中亞核心與海洋國家
誰能勝出。這一核心現在是共產主義，也就是說
核心落在了他們最大的敵人手中。這些邊緣再次
受到威脅，這個威脅來自受到某種普遍原則激勵
的核心政體。

到1949年，中國也一下變成了共產主義國家，於
是這種恐懼感就進一步加深了。中國是否會成為
蘇聯的附庸國？1950年代時，英美兩國的戰略家
們就此展開了辯論。那些了解中國的人說，毛澤 224
東會是另一個鐵托（Tito），中國永遠不會成為俄國
人的衛星國家，所以鼓勵西方朝這個方向推動毛
澤東。其他人則認為，共產主義意識形態是一種
太強大的統一力量，如果會有什麼事情發生的
話，那就是毛有可能企圖在史達林去世之後取代
其地位。對於這些分析人士來說，毛在史達林去
世後拒絕接受赫魯曉夫的領導，正好印證了他們
的判斷，說明共產國際可以變成由中國人而不是
俄國人控制。

最後，毛澤東確實成了鐵托，但與南斯拉夫不同
的是，中國人可以對俄國人的統治地位構成真正
的威脅。赫魯曉夫不可能像史達林那樣對毛澤東
施展任何權力，而當他想試試時，中蘇破裂就成
為現實。那是在1956年蘇共二十大上，其間赫魯
曉夫譴責了史達林。

1960年劉少奇前往莫斯科，與俄國人舉行了一次
重要會議。毛不肯去。劉少奇發回國內的匯報中
說，兩國之間維持親密關係是不可能了，但仍認
為中國不應該與俄國人絕交，因為他擔心美國人
會由此開始欺負北京。

我認為，這件事構成了發生文化大革命的背景。
毛澤東認為劉少奇做得太過分了，而劉在黨內的
支持者傾向於認為國際共產主義必須保持團結一
致。這時，毛可不是那種被意識形態捆住手腳的
共產黨人。他仍是個中國皇帝，他思想中稱帝的
那部分在說，不能走這條路——中國還是中國，
中國必須做老大。大躍進（1958–1960）標誌着中國
與赫魯曉夫分歧的開始，他批評毛澤東的土法煉
鋼是因循守舊、迷信。毛被激怒了，他在公開講
話中批駁蘇聯的修正主義，並表示中國將走自己
的道路。事後證明，對於中國經濟來說，毛此舉
無疑是災難性的，但與俄國人的決裂這時已經無
可挽回了。

在1960年代的美國文獻中，讀者可以看到美國人
的疑惑：「這是真的嗎？」有一批人說：「這是真
的，我們必須利用它，把中國人從俄國人那裏拉
攏過來。」其他人不信任中國人，所以瞻前顧後，
不知所措。從這一點上說，亨利·基辛格（Henry
Kissinger）所起的作用至關重要。他對中國非常認
真，當機會到來時，身為國務卿的基辛格設法說
服尼克松總統與毛接觸。尼克松當然是完全反共
的，但正因為如此，他認為有必要使兩個共產主
義巨人之間的分裂永久化。當時美國人在越南節
節敗退，這是他們換一種玩法的大好時機。而毛
澤東也在等着這個時機。

225

黄　如果兩個共產主義巨人設法團結起來，那麼他們
　　所形成的強大的大陸力量就有機會同時成為海洋
　　力量，就像美國一樣。

王　十八世紀之後所發生的事，是在工業革命帶動下
　　海洋性全球經濟的出現，它為大陸力量創造了截
　　然不同的條件。正如我所說，全球性即海洋性。
　　只具大陸性的力量是無法像美國那樣發揮全球影
　　響力的。這是人類一個歷史篇章的尾聲。在過去
　　兩個世紀，在工業革命開始之後，純粹大陸性的
　　力量實在是不夠。

　　這時，俄羅斯人就是無法突破這些牽制。他們的
　　海是北冰洋。在每一面——波羅的海、地中海、
　　博斯普魯斯海峽、黑海，他們都被擋住了。只有
　　海參崴這麼一個小港口為俄羅斯帝國服務。如果
　　全球性是海洋性的，他們怎樣才能具有全球性呢？
　　他們需要中國。他們當然想守住旅順港，還有大
　　連。事實上，1950 年代初，中國人不留情面地逼
　　着俄國人離開旅順港。俄國人極不情願離開。所
　　以我會說，俄羅斯拿下整個西伯利亞的這一擴張行
　　動，實際上是這個大陸故事的最後一聲嘆息。

226

　　那以後的局勢一目了然，全球性的力量必須是海
　　陸兼備的。不列顛的帝國歷史很快就會顯示，沒
　　有大陸力量，海上力量就不能持久。俄羅斯的經
　　驗則表明，沒有海軍，大陸力量就走不遠。

還能做什麼？如果你想揚威全球，那麼平衡兩種
形式的力量似乎是唯一出路。這是美國實力的基
礎。而今世界上唯一一個能夠具備如此氣魄的國
家就是中國。不過，美國的大陸邊界上沒有與之
存在糾紛的潛在敵人，中國有。這是美國了不起
的歷史優勢，而且這個優勢是永遠的。中國就沒
有，它與俄羅斯及其他中亞國家、印度及東盟國
家有蔓延八千多英里的陸地邊界，因此永遠為之
所阻擋。整個領土邊界安全並不牢靠。

中國在海上的勢力一直受到其在陸地上的脆弱性的
制約。美國則不受這樣的制約。美國的優勢不僅
僅是地理位置上的，是陸上安全、海上保障，以及
網絡和空中力量的結合。這些組合在一起，使美
國天下無敵。而中國人在所有這些方面都很薄弱。

227　黃　而且美國的海洋勢力朝着不止一個方向施展。

　　　王　是的，美國向東邊和西邊兩面出擊。在陸地本土
　　　　　上，他們不會受到任何威脅。他們或許會自毀，
　　　　　但不會是由於中國人的緣故。

註釋

1　有一本與此話題相關的書，James Webb, *Born Fighting: How the Scots-Irish Shaped America* (New York: Broadway Books, 2004)。它（或許是太過熱切地）試圖通過引述蘇格蘭–愛爾蘭人及其對英格蘭人的長年的抵制，來解釋南方文化及其生活態度和價值觀。

後 記

重新審視當下

當一部世界史能夠力透紙背的時候，它能讓讀者對 當下的重新審視具有實質意義。雖然一個好的描述歷史的方法可能會盡量迴避公然預測未來，但它仍不可避免地會暗示未來的發展趨勢。

我與王賡武教授的討論一般不會糾纏於話題所涉地區的細節。他的見解獨到而新奇，確實重新激發了我童年時對人類往事的興趣。在完成這部書稿後，有幾個月裏我一直在廢寢忘食地查閱歷史書籍，迫切地想深入了解王教授啟發我關注的話題，以滿足我被重新喚醒的好奇心。我現在比以往任何時候都更深切地意識到，當歷史得到適當詮釋時，過去能對我們把握現狀有多麼巨大的影響。

總結起來，我們的對談一直圍繞着幾個關鍵的知識點。主要的論點是，在絕大多數世界史版本的認識中，有個主角往往缺席，儘管它在冰川時代的這一側曾對人類歷史影響巨大。這個主角就是中亞，其建基於草原的社會經久不衰，具有特殊的活力。

229　　歐亞周邊各地區在很大程度上曾經彼此隔絕，文明史往往是由他們分頭各自書寫的。不足為奇的是，他們的敘事並非總是互為補充。正是因為有像王教授提供的大膽的視角，我等年輕學者才得以悟出，那些分頭書寫的歷史並非彼此毫無關聯。事實上，它們是動態相連的，儘管並非總是以直截了當的方式。在全球化時代之前，由於缺乏實證的全球視野，對全球史的書寫其實是不可能的。即使到了晚近時期，大多數撰寫全球史的嘗試也是出於意識形態或民族優越感而建構的。通過講述圍繞中亞的創新及其擴張主義的人類政治史，王教授為我們描繪了一幅栩栩如生的畫卷，令千年往事一目了然。在我看來，這種教誨方式簡直是令人叫絕。奧卡姆剃刀（Occam's razor）──即偏好假定最少的簡約式科學方法──在他手上游刃有餘。

　　弗朗西斯・福山（Francis Fukuyama）在柏林牆倒塌後宣佈「歷史的終結」時，他是在曲解人類歷史上一個階段的終結，儘管無疑是一個延長了的階段。[1] 1990 年代以來歷史的延續證明了這一點。歷史尚未結束，只是正在進入一個新階段，在中亞最終被其周邊諸多文明群起而征服了以後。

殖民主義時代

　　過去五百年來，歷史上飽受圍困的歐洲大國成功地跟其餘世界調轉了位置，將我們帶入了全球殖民主義時代。這給我們釀成了兩次血腥的世界大戰、一場冷戰，

以及數不清的社會和政治革命，並將世界秩序重整為民族國家。它還發展出如今遍及世界的資本主義生產體系。有意思的是，隨着二戰後殖民主義的衰退式微，以及宏大的意識形態鬥爭在1990年代初的結束，我們開始看到歐亞大陸其他主要邊緣的崛起，如中國和印度。全球政治和經濟力量的多極化已迅速成為我們這個時代的新構想。這實際上是本書第二個有力的斷言：人類已經步入了一個全新的階段。西方邊緣的勝利——以及，隨着時間的推移，整個邊緣作為一個整體的勝利——顯然在這個意義上是相當徹底的。

230

一些學者可能會爭辯説，文明受到中亞諸多民族的阻滯。但反過來說也站得住腳，那就是，在某些情況下，正是出於抵制中亞的需要，邊緣的住民才達到了他們所企及的文明高度。例如，費爾南德‧布羅代爾（Fernand Braudel）認識到這些邊緣在遠東歷史上所扮演的重要角色，特別是在印度和中國的歷史上所起的關鍵作用，儘管他更傾向於將這些游牧社會歸類為對世界歷史的干擾而非正面力量。顯然，對中亞的狹義定義並沒有使他認識到，同樣是這些民族，不僅在東亞和南亞，還在地中海和整個歐洲以不同形式發揮了不懈的變革力量。[2]

與此同時，與舊的歷史階段的決裂不會是一刀兩斷的。毫無疑問，信馬由韁、奔突馳騁的游牧民族，在歐洲人、印度人、中國人，及許多其他民族的心中留下了茹毛飲血的千年創傷般的影像，將會在未來的幾十年裏繼續影響國際關係、污染人際紐帶、左右決策者們的思

路。歐陸由來已久的政治動力分化了不同區域，使諸文明之間的不信任和敵視持續存在。不過，本書對此所提供的更豐富的理解，可以減少這種有害的遺產。

231　　隨着航海技術的進步，歐洲人設法橫渡海洋，打破了古代來自東方和南方的敵人對他們的束縛。中亞勢力的擴展無疑是全方位的，但東亞和南亞人並沒有想到要橫渡海洋來解決這個一直存在的安全困境。上千年來，中國人一再重建和修繕長城，政治焦點一直保持在西向和北向，儘管其經濟基礎轉向了溫暖潮濕的地區。明朝早期鄭和下西洋的遠航是個例外，而且最終還是因朝廷偏重內陸防務而取消了航程。鑑於接下來以滿洲形式入侵中國的力量確實來自內陸，取消遠航是有道理的。

印度次大陸或許曾有喜馬拉雅山作為天然屏障的優勢，但這只意味着外敵的入侵轉而壓縮到了狹窄的西北通道，一波接一波地，途經今天的巴基斯坦、阿富汗和伊朗。侵略者的流動很容易西進到美索不達米亞和小亞細亞，朝向埃及和地中海。

有意思的是，二十世紀的中國和印度民族主義者扼腕於他們自身的文明無法抗拒歐洲殖民主義者，將此歸咎於那些最後的中亞征服者們——這也表明這本書所採用的視角是多麼的有説服力。在印度，莫臥兒征服者是穆斯林這一事實，在政治上成為一個突出的反抗的理由，正如發生在歐洲東部和南部前沿的情形一樣。在遠東地區，在中國人推翻滿清的過程中，宗教沒有起過作用。無論這種譴責遊戲（blame game）的戰略內容如何，

這種現象本身確實提醒了我們，中亞的國王和可汗們其實是多麼強大，他們的武士階層曾是多麼行之有效。

　　從1260年忽必烈可汗將蒙古帝國擴張到覆蓋整個中國，到1911年滿清王朝垮台，在長達650年間，漢人當權主政的時間只有1368年到1644年，即存在了276年的明朝。就在滿人粉碎了明朝抵抗的最後一搏（1683年平定台灣鄭氏）之際，在印度，阿克巴大帝（Akbar, 1556–1605在位）奠定的莫臥兒帝國在其曾孫奧朗則布（Aurangzeb, 1658–1707在位）治下變成了一個伊斯蘭國家。隨之是奧朗則布衰敗而混亂的漫長統治，從而留下了一個權力真空，在十八世紀末被英國東印度公司填補上了。[3]

　　又過了半個世紀，現代的堅船利砲迫使清帝在第一次鴉片戰爭（1839–1842）之後向歐洲貿易商開放主要貿易口岸。直到這時，中國才切膚般地感受到英國的軍事力量。

　　在歐亞大陸的西部邊緣地區，1453年君士坦丁堡的覆滅為穆斯林土耳其人提供了新的立足之地，由此，針對歐洲的有效的軍事行動得以展開。經過數十年在地中海的海戰，直到1580年，基督教歐洲和穆斯林世界之間的分界才得以劃定。這一界限至今依舊。

　　穆斯林摩爾人在西班牙的存在於1492年終結。同年，克里斯托弗·哥倫布航海抵達美洲，發出了征服新世界的訊號。他們很快還征服了舊世界的大部分地區。

揚帆出海

對談中所產生的第三個發人深思的觀點是，在現代時期，全球是海洋性的。儘管對海洋的征服是新發展，但要解決中亞這個像人類文明本身一樣古老的問題，征服海洋是個非常有效的辦法。海洋冒險主義和技術創新的出現，是要應對不時擴張、威脅到周邊文明的茹毛飲血的中亞勢力。由於種種原因，這種創新將歐洲聯合在一起了。

哥倫布橫渡大西洋迄今已經五百多年了，人類在政治思想和組織方面都已發生了很大的變化。歐洲的文藝復興、宗教改革，及啟蒙運動所催生的許多創新的幫助之下，海洋力量已相當成功地制衡了以大陸為基礎的軍事力量。

今天，全球權力的平衡仍然有利於西部邊緣，包括美洲。如果從王教授的角度來理解美國的權力基礎——這就帶出了我們對談中揭示的第四個要點——原則上來說，美國是堅不可摧的。這個大國不僅擁有舉世無雙的海軍，而且其陸地邊界完全是安全的。美國的這一優勢令它的任何潛在對手都望塵莫及。

路遙知馬力

在完成本書之後，我意猶未盡地在兩個領域展開了進一步的研究：首先是馬匹在中亞發展中的作用，其次源自中亞草原的人群與文化，特別是在史前時代。

對於任何夢想着出奇制勝征服遠方的軍隊來說，他們需要擁有長途行軍的有效而可靠的方法，特別是穿越蠻荒之地的方法。在海上，擁有穩健的船隊、國家的支援，及導航技能，這一切使得伊比利亞王國（西班牙和葡萄牙）成為首先環球航海、掠奪和對新世界進行殖民的國家。十七世紀初，隨着西班牙及葡萄牙人失去海上優勢，他們也各自失去了維持其帝國的能力。荷蘭和英國這樣的後起之秀取而代之，獲得了以其自身規模原本不可能達到的財富和權力。而在陸地上，調遣戰士長途跋涉、東奔西跑地打劫和突襲，這一切都需要馴養馬匹。若非早期成功馴化了大量動物，中亞是不可能對世界產生影響的，其中至關重要者非馬匹莫屬。騎兵是無與倫比的創新。手挽威風凜凜的弓箭，騎兵成了敵人的夢魘。

戰車似乎是三千多年前在歐亞大陸出現的，很快就隨着印度–雅利安人（Indo-Aryan）的遷移傳到了印度次大陸。戰車在中國的出現是在約公元前1200年的商朝末期，與皇家狩獵現象有關，顯然以伊朗高原為中心，覆蓋了鄰近的地區，如「美索不達米亞、小亞細亞、北印度，和外高加索」。這種狩獵活動也見諸中國西部地區，那裏有「狩獵犬、精良的馬匹，和獵鷹」。[4]戰爭武器和狩獵的器具當然是密切相關的，早期冶金術的改進更使之如虎添翼。

> 在舊世界，（弓）有兩種主要類型：歐亞大陸東部地區的複合型或反曲弓，以及歐亞大陸西北的整片弓又名「單弓」（self-bow）。兩者都廣泛應用於狩獵和戰爭。[5]

235　有意思的是，儘管馬這個物種被認為是從美洲進化來的，但早在大約九千年前就已在美洲絕跡了，雖說它捱過了冰川時代。馬是在中亞馴養起來的，而一旦被人類馴服，馬就給人類歷史的發展帶來了極大的影響。

馬被馴養起來據信是在約公元前4000年，在今天的烏克蘭一帶。馬用於騎行始於約公元前3700年。草原牧民出現在公元前2000年以前，在草原上放養大片牧群，並進行季節性的遷徙。從游牧和狩獵，到四處打劫、殺人越貨，對於這些馬背上的人們來說只是邁了一小步。[6]

> 游牧者策馬揚鞭，縱橫馳騁，其馬力威懾天下。他們行蹤不定，如雲中的閃電劈雷，令其受害者聞之喪膽。歷經千年，他們的征戰模式幾乎沒有什麼變化。[7]

在《大轉型》(The Great Transformation) 一書中，凱倫·阿姆斯特朗 (Karen Armstrong) 認為，歐亞人民曾利用他們從北印度和美索不達米亞學來的技術進行殘酷而又無休無止的戰爭，後來的軸心時代 (Axial Age)——即普世主義倫理遍及世界各地的時期——便是對此的反彈。他們用來自亞美尼亞人的青銅武器把自己武裝起來，騎着馴服的戰馬，挽強弩射大雕，開始享受「靈活機動性的果實」。

> 暴力在草原上前所未有地升級。即使是一心只想圖個清靜的比較傳統的部落，為了自保也不得不學習新的軍事技術。英雄時代開始了。強權即公理，勝者為王，吟遊詩人頌讚着侵略、膽大妄為的勇氣，和軍事威力。[8]

正如王教授的敘述所揭示的，核心不僅限於建基於
中亞的社會。沿着歐亞大陸的東部邊緣，在中國，農牧 236
民之間的分野是最明顯的表現，地理分界也是顯而易見
的。考慮到地理、政治和歷史上的差異，以及我們的話
題所涉時期之漫長，城市住民與游牧民之間的一系列混
合已全方位地形成，並且必須得到承認。

那些遷離了中亞的人民，他們對這一核心地區的態
度及文化的親和力有待進一步研究。遲至十七世紀晚
期，很大程度上已經漢化（Sinicized）了的女真族在征服
了中國、改稱為「大清」之後，仍決定禁止所有漢人進入
滿洲。這是為了保障滿人對其原始土地的使用，為了盡
可能滿足他們日益增長的維持草原放牧生活方式的需
要。這種對維繫着文化的廣闊原野的依戀，以及對中亞
騎馬狩獵的生活方式的依附，全方位地見諸於遷徙潮和
軍事行動中。

王教授勾勒的世界歷史中最後一個發人深思的要
素，或許也是最重要的一個，是帝國主義政治與本土政
治之間的區別。除了民族國家、海洋力量，和科學技
術，定義現代時期的要素還包括權力自下而上這一想
法，也就是我們廣泛理解為民主的東西。這是一種在古
雅典和日耳曼部落風俗中就已存在的東西，而且並不僅
止於上述兩者。它同時也是貿易城市趨於向人們灌輸的
意識。

隨着大陸力量被海上力量所遮蔽，政治合法性的分
權化（decentralization）成為人類歷史新階段的特點。如

237　今，權力既有自下而上也有自上而下，平衡兩種權力的
需要滲透在現代時期的各種政治組織中。神權政治與貴
族制都不再成氣候，當今所有的政治權力即使不是民治
(by the people)，也都至少要聲明是民有 (of the people) 和
民享 (for the peolpe)。

　　這些只是我在與王教授的對話中直接得到的一些啟
發。我會進一步沿着他提供的諸多思路進行思考，相信
從中會產生更多的想法。我期待着去一一探索。

註釋

1　Francis Fukuyama, *The End of History and the Last Man* (New York: Free Press, 1992).

2　Fernand Braudel, *A History of Civilizations*, translated by Richard Mayne (1987; repr., New York: Penguin Books, 1993).

3　參見 Francis Watson, *India: A Concise History* (1974; repr., Singapore: Thames & Hudson, 1979)；及 Jacques Gernet, *A History of Chinese Civilization*, translated by J. R. Forster (Cambridge; New York: Cambridge University Press, 1982)。

4　Thomas T. Allsen, *The Royal Hunt in Eurasian History* (Singapore: Institute of Southeast Asian Studies, 2013), pp. 14–15.

5　Ibid., p. 21.

6　有關馬匹馴化以及從草原遷徙擴張的歷史，比較透徹的探討參見 Pita Kelekna, *The Horse in Human History* (New York: Cambridge University Press, 2009)。

7　Peter B. Golden, *Central Asia in World History* (New York: Oxford University Press, 2011), p. 12.

8　Karen Armstrong, *The Great Transformation: The World in the Time of Buddha, Socrates, Confucius and Jeremiah* (London: Atlantic Books, 2006), pp. 6–7.

王賡武著述一覽（2008-2018）

書籍

Another China Cycle: Committing to Reform. Singapore: World Scientific, 2014.

China and the New International Order. Edited with Zheng Yongnian, London: Routledge, 2008.

Diasporic Chinese Ventures: The Life and Work of Wang Gungwu. Edited by Gregor Benton and Hong Liu. London: Routledge, 2016.

Home Is Not Here. Singapore: NUS Press, 2018.

Hong Kong Challenge: Leaning In and Facing Out. Hong Kong: Centre of Asian Studies, University of Hong Kong, 2009.

Nanyang: Essays on Heritage. Singapore: Institute of Southeast Asian Studies, 2018.

Renewal: The Chinese State and the New Global History. Hong Kong: The Chinese University Press, 2013.

The Eurasian Core and Its Edges: Dialogues with Wang Gungwu on the History of the World. By Ooi Kee Beng. Singapore: Institute of Southeast Asian Studies, 2015.

Voice of Malayan Revolution: The CPM Radio War against Singapore and Malaysia, 1960–1981. Edited with Ong Weichong. Singapore: S. Rajaratnam School of International Studies, 2009.

Wang Gungwu, Junzi, Scholar-gentleman, in Conversation with Asad-ul Iqbal Latif. Singapore: Institute of Southeast Asian Studies, 2010.

Wang Gungwu: Educator and Scholar. Edited by Zheng Yongnian and Phua Kok Khoo. Singapore: World Scientific, 2013.

《1800年以來的中英碰撞：戰爭、貿易、科學及治理》，金明、王之光譯，杭州：浙江人民出版社，2015；香港：商務印書館，2016.

《中國的「主義」之爭——從「五四運動」到當代》，與鄭永年合編，新加坡：八方文化，2009。

《五代時期北方中國的權力結構》，胡耀飛、尹承譯，上海：中西書局，2014。

《天下華人》，廣州：廣東人民出版社，2016。

《更新中國：國家與新全球史》，黃濤譯，杭州：浙江人民出版社，2016；香港：商務印書館，2017。

《東南亞與國際關係》，天理：天理大學中國文化研究會，2015。

《香港史新編》（增訂版），王賡武主編，上下冊，香港：三聯書店，2017。

《華人與中國：王賡武自選集》，上海：人民出版社，2013。

文章及論文

"A Two-Ocean Mediterranean." In *Anthony Reid and the Study of the Southeast Asian Past.* Edited by Geoff Wade and Li Tana. Singapore: Institute of Southeast Asian Studies, 2011, pp. 69–84.

"A Vision for the Future in the Lessons of the Past." In *The Jewel of Southeast Asia: A Tribute to the Lion City.* By Daisaku Ikeda. Singapore: Editions Didier Millet, 2015, pp. 38–43.

"China and the International Order: Some Historical Perspectives." In *China and the New International Order.* Edited by Wang Gungwu and Zheng Yongnian. London: Routledge, 2008, pp. 21–31.

"China and the US: A Tale of Two Civilisations." In *China-US Relations in Global Perspective*. Edited by Bo Zhiyue. Wellington: Victoria University Press, 2016, pp. 27–39.

"China's Historical Place Reclaimed." *Australian Journal of International Affairs* 66, no. 4 (2012), pp. 486–492.

"Chinese History Paradigms." *Asian Ethnicity* 10, no. 3 (2009), pp. 201–216.

"Chineseness: The Dilemmas of Place and Practice." In *Sinophone Studies: A Critical Reader*. Edited by Sih Shu-mei, Chien-hsin Tsai and Brian Bernards. New York: Columbia University Press, 2013, pp. 131–144.

"Continental Power" [Geopolitics: Our interview with Wang Gungwu]. *Global ARC Quarterly* (Spring 2013), pp. 10–19.

"Family and Friends: China in Changing Asia." In *Negotiating Asymmetry: China's Place in Asia*. Edited by Anthony Reid and Zheng Yangwen. Singapore and Honolulu: NUS & University of Hawai'i Press, 2009, pp. 214–231.

"Flag, Flame and Embers: Diaspora Cultures." In *The Cambridge Companion to Modern Chinese Cultures*. Edited by Kam Louie. Cambridge: Cambridge University Press, 2008, pp. 115–34.

"Global History: Continental and Maritime." *Asian Review of World Histories*, vol. 3, no. 2 (July 2015), pp. 201–218.

"History and Political-Military Relations." In *The APPSMO Advantage: Strategic Opportunities: Evolving Defence Diplomacy with the Asia Pacific Programme for Senior Military Officers*. Edited by Ong Keng Yong, Mushahid Ali, and Bernard Chin. Singapore: RSIS and World Scientific, 2016, pp. 209–219.

"Hong Kong's Twentieth Century: the Global Setting." In *Hong Kong in the Cold War*. Edited by Priscilla Roberts and John M. Carroll. Hong Kong: Hong Kong University Press, 2016, pp. 1–14.

"Introduction: Imperial China Looking South." In *Imperial China and Its Southern Neighbours*. Edited by Victor H. Mair and Liam C. Kelley. Singapore: Institute of Southeast Asian Studies, 2015, pp. 1–15.

"Link-points in a Half-Ocean: Introduction to the Worlds of East and Southeast Asian Seas". In *Connecting Seas and Connected Ocean Rims: Indian, Atlantic, and Pacific Oceans and China Seas Migrations from the 1830s to the 1930s*. Edited by Donna R. Gabaccia and Dirk Hoerder. Leiden: Brill, 2011, pp. 169–171.

"National Education and the Scientific Tradition." In *Global Voices in Education: Ruth Wong Memorial Lectures*, vol. II. Edited by Ong Seng Tan, Hee Ong Wong, and Seok Hoon Seng. Singapore: Springer, 2017, pp. 37–50.

"One Country, Two Cultures: An Alternative View of Hong Kong." In *Rethinking Hong Kong: New Paradigms, New Perspectives*. Edited by Elizabeth Sinn, Wong Siu-lun, and Chan Wing-hoi. Hong Kong: Centre of Asian Studies, University of Hong Kong, 2009, pp. 1–24.

"Party and Nation in Southeast Asia." *Millennial Asia: An International Journal of Asian Studies* 1, no. 1 (2010), pp. 41–57.

"Post-Imperial Knowledge and Pre-Social Science in Southeast Asia." In *Decentring and Diversifying Southeast Asian Studies: Perspectives from the Region*. Edited by Goh Beng-Lan. Singapore: Institute of Southeast Asian Studies, 2011, pp. 93–124.

"Science Civilization for China: Before and After Needham." *Southern University College Academic Journal*, August 2014, pp. 1–20.

"Southeast Asia and Continental and Maritime Powers in a Globalised World." In *ASEAN@50: Volume 4, Building ASEAN Community: Political–Security and Socio-cultural Reflections*.

Edited by Aileen Baviera and Larry Maramis. Economic Research Institute for ASEAN and East Asia, August 2017, pp. 19–24.

"Southeast Asia: Imperial Themes." *New Zealand Journal of Asian Studies* (June 2009), pp. 36–48.

"Student Movements: Malaya as Outlier in Southeast Asia." *Journal of Southeast Asian Studies* 44, no. 3 (2013), pp. 511–518.

"Sun Yat-sen and the Origins of Modern Chinese Politics." In *Sun Yat-sen: Nanyang and the 1911 Revolution*. Edited by Lee Lai To and Lee Hock Guan. Singapore: Institute of Southeast Asian Studies and Chinese Heritage Centre, 2011, pp. 1–14.

"The China Seas: Becoming an Enlarged Mediterranean." In *The East Asian "Mediterranean": Maritime Crossroads of Culture, Commerce and Human Migration*. Edited by Angela Schottenhammer. Wiesbaden: Harrassowitz Verlag, 2008, pp. 7–22.

"The Fifty Years Before." In *1959–2009: Chronicle of Singapore: Fifty Years of Headline News*. Edited by Peter H. L. Lim. Singapore: Editions Didier Millet and National Library Board, 2009, pp. 15–27.

"The Peranakan Phenomenon: Pre-national, Marginal, and Transnational." In *Peranakan Chinese in a Globalizing Southeast Asia*. Edited by Leo Suryadinata. Singapore: Chinese Heritage Centre and National University of Singapore Museum Baba House, 2010, pp. 14–26.

"Thoughts on Four Subversive Words." *Asia-Pacific Journal of Anthropology* 13, no. 2 (April 2012), pp. 192–202.

〈19、20 世紀新加坡華人的身份認同與忠誠〉,《華人研究國際學報》, 第八卷第二期（2016 ）, 頁 1–12。

〈中國情結：華化、同化與異化〉,《北京大學學報》, 2011 年第 5 期, 頁 145–152。

〈內與外的解析 —— 論海外華人作家〉，《世界華僑華人研究》，第1輯（2008），頁1-10。

〈王賡武：以歷史目光看「核心」的必要性〉，《多維CN》，2017年第17期，頁22-31。

〈王賡武：須要深知香港人的歷史〉，冼麗婷：《見字如見人》（香港：壹出版有限公司，2017），頁110-121。

〈王賡武：關注華人的憂患與命運〉，收入李懷宇採訪：《各在天一涯：二十位港台海外知識人談話錄》（北京：中華書局，2016），頁75-101。

〈王賡武訪談錄 —— 在全球化時代反思中國歷史〉，王銘銘主編：《中國人類學評論》第22輯（北京：世界圖書出版公司，2012），頁138-152。

〈全球化時代反思中國歷史 —— 王賡武訪談錄〉（包安廉採訪，王希翻譯），王希、盧漢超、姚平主編《開拓者：著名歷史學家訪談錄》（北京：北京大學出版社，2015），頁119-140。

〈南方境外：強進與退讓 —— 對中國與東南亞間國際關係的文化史思考〉，《北京大學研究生學志》2014年第3期，頁19-34。

〈南洋求學記：不同的時代，走不同的路〉，李元瑾：《跨越境界與文化調適》（新加坡：南洋理工大學中華語言文化中心；八方文化創作室，2008），頁13-28。

〈孫中山與現代中國政治的起源〉，廖建裕主編：《再讀孫中山、南洋與辛亥革命》（新加坡：華商館，東南亞研究院，2011），頁3-17。

〈越洋尋求空間：中國的移民〉，《華人研究國際學報》第一卷第一期（2009），頁1-49。

〈新移民：何以新？為何新？〉，趙紅英、張春旺主編：《世界視野：走出國門的中國新移民》（北京：中國華僑出版社，2013），頁3-17。

〈黨國民主：三代海外華人的進與退〉，《中央研究院近代史研究所集刊》，第 67 期（2010），頁 1–15。

索引

作者簡介

王賡武教授，著名歷史學家、教育家，主要研究現代中國史、國族主義、海外華人、華人移民等問題。1986至1995年間曾擔任香港大學校長。現任新加坡國立大學特級教授，新加坡東南亞研究所 (ISEAS) 所長，澳洲國立大學榮休教授，台灣中央研究院院士。近著包括：《華人與中國：王賡武自選集》(2013)、《五代時期北方中國的權力結構》(2014)、《天下華人》(2016)、《更新中國：國家與新全球史》(2016)、《1800年以來的中英碰撞：戰爭、貿易、科學及治理》(2016)、《香港史新編》(增訂版) (2017)，等。詳情請參本書〈王賡武著述一覽 (2008–2018)〉。

黃基明博士，新加坡東南亞研究所副所長，《檳城月刊》(*Penang Monthly*) 創報主編。出版著作多種，包括 *Yusof Ishak: A Man of Many Firsts* (2017), *Done Making Do: 1 Party Rule Ends in Malaysia* (2013), *In Lieu of Ideology: An Intellectual Biography of Goh Keng Swee* (2010) 等。與 Ding Choo Ming 合編之 *Continent, Coast, Ocean: Dynamics of Regionalism in Eastern Asia* (2007) 獲東盟圖書出版商協會 2008 年度「頂尖學術作品」殊榮，*The Reluctant Politician: Tun Dr Ismail and His Time* (2006) 獲 2008 年亞洲出版大會獎。